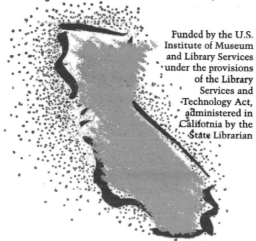

Cocina vegetariana baja en calorías

COCINA VEGETARIANA BAJA EN CALORÍAS

Recetas vegetarianas innovadoras para cocineros intrépidos

JENNY STACEY

EDIMAT Libros

www.edimat.es

Abreviaturas empleadas:

kg = kilogramo

g = gramo

lb = libra

oz = onza

inch/in = pulgada

l = litro

ml = mililitro

fl oz = onza (volumen)

h = hora

min = minuto

s = segundo

cm = centímetro

Para las recetas, las cantidades se expresan utilizando el Sistema Métrico Decimal y el Sistema Británico, aunque también pueden aparecer en cucharadas y cucharaditas estándar. Siga uno de los sistemas, tratando de no mezclarlos, ya que no se pueden intercambiar.

Las medidas estándar de una taza y una cucharada son las siguientes:

1 cucharada = 15 ml/½ fl oz

1 cucharadita = 5 ml/⅙ fl oz

1 taza = 250 ml/8 fl oz

Utilice huevos medianos a menos que se especifique otro tamaño en la receta.

EDIMAT LIBROS S.A.
C/Primavera, 35
Polígono industrial El Malvar
28500 Arganda del Rey
Madrid-España
www.edimat.es

© en lengua castellana: Edimat Libros S.A.

ISBN: 84-9764-506-5

Título original: *Low-Fat Vegetarian Cooking*
Traducción: Traducciones Maremagnum
Revisión técnica: Gastromedia, S.L.

Este libro fue creado y publicado por
Quantum Publishing Limited
6 Blundell Street
London N7 9BH
Copyright © 1997 Quintet Publishing Limited

Director creativo: Richard Dewing
Diseño: James Lawrence
Editor del proyecto: Diana Steedman
Fotógrafo: Tim Ferguson-Hill
Asesores en nutrición: Iris Epstein, Jane Griffin

CONTENIDO

INTRODUCCIÓN

«Bajo en calorías» no es sinónimo de menos sabor o menos calidad. Existen innumerables platos que pueden comerse sin que uno se sienta culpable de estar ingiriendo demasiadas calorías. «Bajo en calorías» simplemente requiere cambiar algunos métodos culinarios, usar ingredientes alternativos y entender ciertos puntos fundamentales. Una vez asimilados los principios básicos, éstos pueden adaptarse rápidamente a todos sus platos, abriéndose un mundo nuevo de diversión y comida sana ante usted.

En nuestra dieta diaria se consumen demasiadas grasas de una forma o de otra. La mayoría de las veces, se encuentran escondidas en galletas, pasteles, cremas, carnes cocidas, comidas preparadas y comidas rápidas. Recordamos palabras como «saturado», «monoinsaturado» y «poliinsaturado», pero ¿sabemos realmente qué las diferencia?

¿Cuáles son los distintos tipos de grasa?

Muchos de nosotros hemos crecido con una alimentación rica en grasas, como, por ejemplo, la carne, productos diarios rápidos y comidas cómodas. Para llevar una dieta baja en grasas, primero debe reducirse ingestión de grasas y aprender a usar comidas con un contenido más bajo en saturados. Pero, ¿cómo saber qué tipo de grasas ingerimos a la hora de elegir? ¿Dónde están las grasas saturadas?

Las grasas saturadas son generalmente sólidas. Tienden a incrementar los niveles de colesterol en la sangre. Normalmente, se encuentran en productos animales, como la mantequilla, manteca de cerdo, sebo y carne. Los aceites vegetales también las contienen. Éstos son el aceite de coco y el aceite de palma.

Las grasas no saturadas conocidas como monoinsaturadas o poliinsaturadas son líquidas y no parecen incrementar los niveles de colesterol en la sangre. Las grasas monoinsaturadas son conocidas por su efecto neutral y las encontramos en aceites como el de nuez molida y el de oliva. Las grasas poliinsaturadas, de hecho, reducen el nivel de colesterol y se encuentran en aceites como el de maíz, el de nueces o el de sésamo.

La palabra «colesterol» ha adquirido más popularidad en los últimos años, convirtiéndose en un motivo más de confusión y preocupación. De hecho, necesitamos determinada cantidad de colesterol en nuestro cuerpo porque es vital para los tejidos y células, así como para la fabricación de hormonas. Pero esto no es una invitación a comer. Nosotros producimos una cantidad determinada de colesterol en nuestro hígado. Este colesterol es el que usa nuestro cuerpo diariamente para sus funciones vitales. Por consiguiente, cuando existe un consumo excesivo de colesterol, nuestro cuerpo es incapaz de absorberlo para su uso constructivo, instalándolo entonces en los vasos sanguíneos y pudiendo llegar a desencadenar en arteriosclerosis (una enfermedad en la que las sustancias grasas, principalmente el colesterol, se acumulan lentamente en las paredes arteriales). Una progresión lenta de esta enfermedad puede derivar en causa de muerte, ataque al corazón.

Es posible hacer algo al respecto. Reducir el consumo de grasas, comidas preparadas o grasa añadidas reducirá las calorías. Simplemente con empezar a reducir la cantidad de comidas ricas en colesterol facilitará reducir su nivel en gran medida. Según un estudio realizado en 1983 en EE.UU., entre 3.806 hombres de alto riesgo de padecer enfermedades del corazón que habían empezado un tratamiento, un 1 por ciento de colesterol les producía un 2 por ciento de probabilidades de padecer enfermedades coronarias del corazón.

Las comidas ricas en colesterol que deberían evitarse incluyen las yemas de los huevos, mantecas, grasas animales y productos diarios, como los quesos curados ricos en grasas, las cremas, mantequillas y leche entera.

Las grasas poliinsaturadas se encuentran en los aceites como, por ejemplo, en el de oliva, girasol, nuez y sésamo.

¿Bajo en calorías o sin calorías?

Aunque se recomienda reducir el consumo de grasas, comer de todo con moderación es lo mejor para el organismo. Nadie sugiere una dieta totalmente carente de grasas. Se necesita determinada cantidad para el funcionamiento del organismo, así como para producir ácido linoleico para el mantenimiento de la piel, el crecimiento en los niños y para suministrar componentes vitales con el fin de que nuestros cuerpos funcionen. Dado que no podemos producir estos componentes, es esencial obtenerlos de la comida. Además de estas funciones, las grasas realzan el sabor de la comida y eliminarlas totalmente no es recomendable. Se comenta que el 25-30 por ciento de las calorías consumidas por una persona en un día provienen de las grasas, aunque algunos expertos afirman que estas cifras son demasiado altas.

Menos del 10 por ciento de las calorías consumidas en un día deberían proceder de productos saturados, ya que más del 10 por ciento provienen de grasas poliinsaturadas y en nuestro organismo se encuentran fuentes monoinsaturadas. Hoy en día, la mayor parte de la población obtiene al menos el 40 por ciento de sus calorías de las grasas, por lo que todavía queda mucho por mejorar.

Llevar una dieta baja en calorías no es sólo una moda más; de hecho, mejorará y aumentará su nivel y esperanza de vida. También podrá disfrutar de cada momento al cocinar y al comer sin sentir ese sentimiento de culpa que acompaña a las comidas con gran contenido en grasas. Durante años, ha habido una gran preocupación e investigación científica que nos muestra que la dieta de gran parte de la sociedad moderna es una de las mayores causas de enfermedades. El dicho «Eres lo que comes» nunca ha sido tan cierto. Casi dos tercios de la población sufrirá ataques, ya sean de corazón o alguna forma de cáncer, como resultado de lo que coma. El problema empieza en la infancia y crea un hábito de por vida. Afortunadamente, las enfermedades de corazón se desarrollan en procesos lentos, hecho que nos permite disponer de tiempo para detener y corregir esta situación. Se ha confirmado que las personas que adquieren un hábito de dieta baja en calorías reducen el riesgo de sufrir enfermedades del corazón. Las dietas ricas en grasas están asociadas a enfermedades como la depresión, la diabetes, la obesidad, los dolores de estómago, trombosis, eccema, asma, artritis y letargos generales. Un consumo más reducido de grasas puede disminuir sustancialmente el riesgo de padecer estas enfermedades. Una dieta baja en calorías no sólo hará que se sienta mejor y más enérgico, sino que además le hará verse mejor.

Cómo cambiar su dieta

Hablar es muy fácil, pero vale más una acción que mil palabras. Ahora que ya conoce las razones por las que debería reducir su consumo en grasas, discutamos sobre cómo hacerlo.

● Elimine las grasas de su dieta, las que utiliza para cocinar y los snacks.

● Prescinda de las bolsas de patatas ricas en grasas, las galletas, los fritos, los dulces y las comidas preparadas y sustitúyalos por snacks y galletas bajos en calorías o sin calorías.

● Reduzca el consumo de quesos curados. Muchos de ellos contienen entre el 30-40 por ciento de grasas con relación al peso. Es mucho mejor usar un poco de queso seco y de sabor fuerte que mucho queso suave cuando cocinamos o en sándwiches.

Las legumbres dan gran vitalidad y son ricas en fibras. Los expertos dicen que una dieta sana es aquella con alto contenido en fibra y baja en calorías.

Las hierbas frescas troceadas producen excelentes sabores y la mejor manera de apreciarlo es cuando están recién cogidas.

● Limite el consumo de yemas de huevo a tres por semana, pero continúe usando las claras tan a menudo como desee.

● Empiece a descubrir el aroma y sabor de las hierbas frescas, que usadas sabiamente pueden enriquecer sus comidas.

● Evite los fritos. Use otros métodos para cocinar, como asar, saltear y el vapor. Los hervidos o los zumos vegetales usando hierbas y especias es otra alternativa.

● Al hacer guisos, cocidos y sopas, déjelos enfriar y antes de servir retire la capa de grasa depositada encima. Se asombrará de cuánta grasa se ahorrará.

● Añada cereales, semillas y judías a su dieta. Con la amplia variedad existente hoy en día en el mercado, es fácil preparar platos deliciosos y al mismo tiempo reducir grasas. Las judías son ricas en proteínas y fibras y bajas en calorías.

● Aumente la cantidad de pasta a ingerir, ya que es saludable y baja en grasas. Recuerde que la pasta no engorda, sólo las salsas con que la acompañamos.

● Tome leche desnatada. Casi no notará la diferencia. Cuando necesite cocinar una receta con crema, use solamente leche o yogur, y para la nata montada, use leche entera.

● Coma más sopas, ensaladas y verduras frescas, que son más baratas y más saludables que las comidas envasadas.

● Al cocinar, sustituya los quesos curados por quesos cremosos.

● Para las cremas amargas utilice yogur. Para separar el yogur de cocinar, primero mezcle una cucharada de levadura con una cucharada de yogur y remueva en el resto del yogur; entonces añádalo a su receta.

● No use ollas o demás utensilios que se peguen y cuando sea posible use tapaderas. Cuando necesite aceite, ponga una sola cucharadita. Cocine las cebollas y las verduras al vapor en lugar de salteadas en aceite.

● El alcohol está permitido con moderación y de hecho puede llegar a cambiar la forma en que el cuerpo reaccione al colesterol. Según estudios recientes, consumir alcohol una o dos veces al día puede ser muy beneficioso, pero no debe consumirse en grandes cantidades.

Comprender etiquetas y tablas

Una buena dieta baja en calorías empieza en el supermercado. Es importante elegir correctamente los productos que adquirirá para usted y su familia. Comprender las etiquetas de las comidas y el marketing es la estrategia número uno para llegar a ser un buen comprador.

Las etiquetas de las comidas deben ofrecer la suficiente información específica como para poder escoger entre varios productos. La ley regula esta información de las etiquetas para proteger al consumidor de falsos derechos o descripciones engañosas, así como para ayudarle a encontrar las comidas más saludables. Existen muchísimos requerimientos legales para las etiquetas del envasado, que incluyen el nombre o descripción de la comida, un listado de ingredientes (en orden descendente por peso), algunas formas de marcaje e instrucciones de seguridad de almacenaje, peso, volumen o número en el envase, los datos del fabricante, envasador y cualquier consejo de preparación o instrucciones de uso. Las compañías alimenticias no están obligadas, por ley, a informar en la etiqueta sobre la energía y nutrientes en la comida, a pesar de ello la gran mayoría ofrecen esta información.

La Unión Europea requiere que al ofrecer esta información nutricional debe realizarse de dos formas. Una compañía puede etiquetar sólo la energía (K) o (Kcal.), proteínas, carbohidratos y contenido en grasas. Alternativamente, además, puede informar sobre cuántos carbohidratos son azúcares, el número de poliinsaturados en las grasas y la cantidad de fibra y sodio. Puede ampliarse la información como, por ejemplo, la cantidad de poliinsaturados en las grasas o la cantidad de vitaminas y minerales. La información debe darse sobre una base de 100 g o 100 ml. Algunas compañías también ofrecen información por raciones o porciones.

Las cadenas de supermercados establecen sus propios criterios nutricionales y a menudo usan etiquetas o símbolos para identificar los alimentos que son, por ejemplo, «bajos en calorías». Son sólo indicadores rápidos de detectar, pero quizá signifiquen cosas diferentes en cada comida.

Las indicaciones usadas como reclamos nutricionales atañen a grasas, saturados y sodio, y son las que siguen: «sin

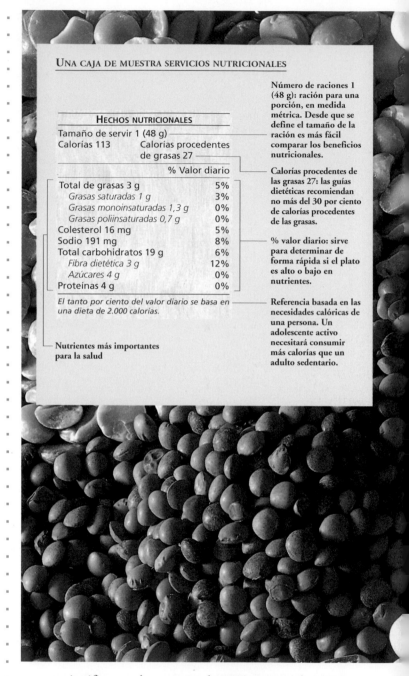

UNA CAJA DE MUESTRA SERVICIOS NUTRICIONALES

HECHOS NUTRICIONALES	
Tamaño de servir 1 (48 g)	
Calorías 113	Calorías procedentes de grasas 27
	% Valor diario
Total de grasas 3 g	5%
Grasas saturadas 1 g	3%
Grasas monoinsaturadas 1,3 g	0%
Grasas poliinsaturadas 0,7 g	0%
Colesterol 16 mg	5%
Sodio 191 mg	8%
Total carbohidratos 19 g	6%
Fibra dietética 3 g	12%
Azúcares 4 g	0%
Proteínas 4 g	0%

El tanto por ciento del valor diario se basa en una dieta de 2.000 calorías.

Nutrientes más importantes para la salud

Número de raciones 1 (48 g): ración para una porción, en medida métrica. Desde que se define el tamaño de la ración es más fácil comparar los beneficios nutricionales.

Calorías procedentes de las grasas 27: las guías dietéticas recomiendan no más del 30 por ciento de calorías procedentes de las grasas.

% valor diario: sirve para determinar de forma rápida si el plato es alto o bajo en nutrientes.

Referencia basada en las necesidades calóricas de una persona. Un adolescente activo necesitará consumir más calorías que un adulto sedentario.

grasas» significa que hay menos de 0,15 g por cada 100 g; «bajo en calorías», que contiene menos de 6 g por cada 100 g, y «pocas grasas», que contiene el 25 por ciento o menos. «Sin saturados» significa menos de 0,1 g por cada 100 g; «Bajo en saturados», menos de 3 g por cada 100 g, y «reducidos» que contiene 25 por ciento o menos.

Una comida «sin sodio» es la que contiene menos de 5 mg por 100 g; «bajo en sodio», si contiene 40 mg o menos por 100 g; «reducido en sodio», cuando las comidas contienen 25 por ciento o menos, y para ser «sin sodio añadido» debe te-

Aumente la variedad de platos apetitosos empleando legumbres tales como lentejas, judías pintas y habas.

ner los dos la comida y ninguno de estos ingredientes. Las etiquetas que aportan información nutricional permiten comparar ingredientes o productos similares para escoger a la hora de comprar entre comida «baja en calorías» o «baja en grasas».

Cada una de las recetas de este libro lleva el análisis nutricional para ayudarle a entender qué está comiendo y elaborar las comidas correctamente. Los hechos e información aportados en este libro están basados en los conocimientos más recientes de 1996. Los análisis nutricionales son estimativos y no una ciencia exacta, ya que diversas fuentes proporcionan análisis nutricionales diferentes. Recuerde que no es imperativo que cada receta aporte menos del 25 al 30 por ciento de calorías en todo el día. Quizá sea irreal que ciertas recetas estén por debajo de los 5 g de grasas por ración, especialmente el primer plato, pero con buen aperitivo y una ensalada baja en calorías puede contribuir a adquirir un estilo de vida más sano.

Desayunos espléndidos

275 g (10 oz) de albaricoques

45 ml (3 cucharadas) de miel

50 g (2 oz) de copos de avena,
    tostados

2,5-5 g (½-1 cucharaditas) de jengibre

275 g (10 oz) de yogur natural
    descremado

HECHOS NUTRICIONALES	
Tamaño de servir 1 (162 g)	
Calorías 140	Calorías procedentes de grasas 18
	% Valor diario
Total de grasas 2 g	2%
Grasas saturadas 1 g	4%
Grasas monoinsaturadas 0,5 g	0%
Grasas poliinsaturadas 0,2 g	0%
Colesterol 4 mg	1%
Sodio 78 mg	3%
Total carbohidratos 28 g	9%
Fibra dietética 2 g	7%
Azúcares 23 g	0%
Proteínas 5 g	0%

El tanto por ciento del valor diario se basa en una dieta de 2.000 calorías.

4 plátanos grandes pelados y
    cortados en trozos

15 ml (1 cucharada) de zumo de limón

300 ml (½ pint) de yogur natural
    desnatado

300 ml (½ pint) de leche desnatada

30 ml (2 cucharadas) de miel

Rodajas de limón y ramitas de menta
    para adornar

HECHOS NUTRICIONALES	
Tamaño de servir 1 (276 g)	
Calorías 210	Calorías procedentes de grasas 18
	% Valor diario
Total de grasas 2 g	3%
Grasas saturadas 1 g	5%
Grasas monoinsaturadas 0,3 g	0%
Grasas poliinsaturadas 0,1 g	0%
Colesterol 6 mg	2%
Sodio 91 mg	4%
Total carbohidratos 44 g	15%
Fibra dietética 3 g	11%
Azúcares 34 g	0%
Proteínas 8 g	0%

El tanto por ciento del valor diario se basa en una dieta de 2.000 calorías.

YOGUR CRUJIENTE DE ALBARICOQUE

4 RACIONES

Variante de un plato escocés. Los crujientes copos de avena, yogur picante y fruta ligeramente escalfada lo convierten en un atractivo desayuno.

≈ Coloque los albaricoques en un cazo con 150 ml (¼ pint) de agua y 15 ml (1 cucharada) de miel. Cocínelo durante 5 minutos hasta que se ablande y se consuma.

≈ Mezcle la avena con la miel en un cuenco. Remueva el jengibre con el yogur.

≈ Alternativamente, mezclar la fruta, el yogur y la mezcla de avena, y sírvalo en vasos. Dejar enfriar y servir.

ENERGÍA DE PLÁTANO

4 RACIONES

Si no puede afrontar un desayuno completo por las mañanas, tome su energía en un vaso con esta deliciosa bebida.

≈ Coloque todos los ingredientes en un recipiente. Bátalos durante un minuto hasta que quede cremoso y suave. Servir en vasos altos, adornados. Sírvalo rápido.

Yogur crujiente de albaricoque ▶

TORTITAS CRUJIENTES MATINALES

14 RACIONES

Estas tortitas ligeramente picantes son deliciosas servidas con vasos altos de yogur caliente de canela, eliminando así el uso de la mantequilla.

115 g (4 oz) de harina con levadura

115 g (4 oz) de harina con levadura entera

Un puñado de canela

Un puñado de nuez moscada

25 g (2 oz) de margarina baja en calorías

50 g (2 oz) de cereales all-bran

15 g (1 cucharada) de avellanas peladas picadas

45 g (3 cucharadas) de pasas

1 huevo

90 ml (6 cucharadas) de leche desnatada

Para el yogur de canela

150 ml (¼ pint) de yogur natural desnatado

1,5 g (¼ de cucharada) de canela

2,5 ml (¼ de cucharadita) de miel

HECHOS NUTRICIONALES	
Tamaño de servir 1 (48 g)	
Calorías 113	Calorías procedentes de grasas 27
	% Valor diario
Total de grasas 3 g	5%
Grasas saturadas 1 g	3%
Grasas monoinsaturadas 1,3 g	0%
Grasas poliinsaturadas 0,7 g	0%
Colesterol 16 mg	5%
Sodio 191 mg	8%
Total carbohidratos 19 g	6%
Fibra dietética 3 g	12%
Azúcares 4 g	0%
Proteínas 4 g	0%

El tanto por ciento del valor diario se basa en una dieta de 2.000 calorías.

≈ Precalentar el horno a 200 °C (400 °F, gas 6). Ponga la harina y las especias en un cuenco y mézclelas con la margarina hasta formar pequeñas migajas de pan. Remuévalo con los cereales (all-bran), nueces y pasas. Vierta el huevo y la leche, y remover hasta formar una masa suave.

≈ Amasar en una superficie ligeramente enharinada y cortar ocho círculos de 7,5 cm con un cuchillo muy fino. Vierta por encima un poco de leche y póngalo en un molde enharinado. Hornear durante 20 minutos hasta que esté dorado. Mezcle todos los ingredientes del yogur y servir con las tortitas templadas. Puede espolvorear canela para adornar, si lo desea.

ZUMO DE POMELO ROSADO A LA PARRILLA

4 RACIONES

Un desayuno rápido y simple; quizá sea rápido, pero su sabor es sensacional.

2 pomelos rosados de Florida
30 ml (2 cucharadas) de miel
Especias al gusto
Ramitas de menta para adornar
  (opcional)

≈ Pelar el pomelo y extraer las pepitas; cortar la fruta en cuartos. Coloque los cuartos en un plato llano y resistente al calor.

≈ Mézclelo todo: la miel, las especias y la fruta cortada en trocitos. Cocínelo al grill durante 5 minutos y sírvase adornado con la menta, si lo desea.

HECHOS NUTRICIONALES	
Tamaño de servir 1 (134 g)	
Calorías 69	Calorías procedentes de grasas 0

	% Valor diario
Total de grasas 0 g	0%
Grasas saturadas 0 g	0%
Grasas monoinsaturadas 0,0 g	0%
Grasas poliinsaturadas 0,0 g	0%
Colesterol 0 mg	0%
Sodio 1 mg	0%
Total carbohidratos 18 g	6%
Fibra dietética 1 g	6%
Azúcares 16 g	0%
Proteínas 1 g	0%

El tanto por ciento del valor diario se basa en una dieta de 2.000 calorías.

175 g (6 oz) de copos de avena

1,05 litros (1¾ pints) de leche
  desnatada

175 g (6 oz) de ciruelas partidas por
  la mitad y troceadas

120 ml (8 cucharadas) de miel

HECHOS NUTRICIONALES	
Tamaño de servir 1 (359 g)	
Calorías 310	Calorías procedentes de grasas 18

	% Valor diario
Total de grasas 2 g	2%
Grasas saturadas 1 g	7%
Grasas monoinsaturadas 0,3 g	0%
Grasas poliinsaturadas 0,3 g	0%
Colesterol 5 mg	2%
Sodio 183 mg	8%
Total carbohidratos 66 g	22%
Fibra dietética 2 g	7%
Azúcares 46 g	0%
Proteínas 11 g	0%

El tanto por ciento del valor diario se basa en una dieta de 2.000 calorías.

GACHAS CON FRUTAS HERVIDAS

4 RACIONES

Unas gachas rápidas pueden prepararse la noche anterior. Están indicadas para el corazón y son saciantes; las gachas con frutas son perfectas.

≈ Colocar los copos de avena en un cazo con la leche. Calentar hasta que empiece a hervir, reducir la intensidad del calor y remover durante 5 minutos hasta formar una masa espesa y consistente.

≈ Mientras tanto, coloque las ciruelas en una olla con 30 ml de miel y 150 ml de agua. Calentar hasta que empiece a hervir, reducir el calor y remover duran-te 5 minutos hasta que espese. Escúrra-lo bien.

≈ Sirva las gachas en cuencos individuales y póngales por encima los trocitos de ciruela. Sírvalo caliente con la miel sobrante 90 ml.

---

675 g (1½ lbs) de patatas peladas y
  cortadas en cubos

15 ml (1 cucharada) de aceite de
  girasol

1 pimiento rojo sin semillas

1 pimiento verde sin semillas

2 tomates cortados en dados

115 g (4 oz) de champiñones
  pelados

30 g (2 cucharadas) de perejil picado

Pimienta negra

HECHOS NUTRICIONALES	
Tamaño de servir 1 (277 g)	
Calorías 179	Calorías procedentes de grasas 36

	% Valor diario
Total de grasas 4 g	6%
Grasas saturadas 0 g	2%
Grasas monoinsaturadas 1,6 g	0%
Grasas poliinsaturadas 1,6 g	0%
Colesterol 0 mg	0%
Sodio 88 mg	4%
Total carbohidratos 34 g	11%
Fibra dietética 4 g	15%
Azúcares 6 g	0%
Proteínas 4 g	0%

El tanto por ciento del valor diario se basa en una dieta de 2.000 calorías.

PICADILLO PARA DESAYUNAR

4 RACIONES

Para un desayuno rápido, cocine las patatas para este sabroso plato la noche anterior y déjelas en la nevera hasta que las necesite.

≈ Cocine las patatas en agua hirviendo durante 7 minutos y escúrralas bien. Caliente el aceite de girasol en una sartén, añada las patatas y cocínelo durante 10 minutos, removiendo.

≈ Pique los pimientos rojos y verdes, y añádalos a la sartén con los tomates y los champiñones. Cocínelos durante 5 minutos, removiendo constantemente; añada el perejil picado, pruébelo y sírvalo.

Picadillo para desayunar ▶

KEBABS DE FRUTAS

4 RACIONES

La forma perfecta de presentar fruta fresca; estos kebabs ligeramente dorados al grill con unas ramitas de menta son ideales para empezar el día de forma refrescante.

30 g (2 cucharadas) de azúcar extrafino

2 ramitas de menta, más un poco más para el adorno

1 papaya sin semillas y cortada en cuadrados de 5 cm (2 in)

1 mango cortado en dados de 5 cm (2 in)

1 kiwi a trozos

2 kiwis cortados en dados gordos

≈ Ponga en remojo en agua cuatro brochetas de madera durante 30 minutos. Sáquelas cuando vaya a necesitarlas. Vierta el azúcar, la menta y 150 ml de agua en un cazo. Caliéntelo hasta disolver el azúcar y hasta empezar a hervir. Retire la menta.

≈ Coloque la fruta en las brochetas alternando las variedades. Vierta el jugo resultante y déjelo en el grill durante 10 minutos, girándolas hasta que estén calientes y hechas por igual. Servir caliente y adornado con la menta.

PICADILLO DE PATATAS MARRONES CON JUDÍAS COCIDAS

6 RACIONES

Estos pasteles dorados se sirven con un plato de judías con especias, y son perfectos para acompañar zumos deliciosos. Prepare el plato de judías con antelación y déjelo en la nevera hasta la mañana siguiente. Simplemente caliente las judías en un cazo.

≈ Retire las judías del remojo, escúrralas y páselas por agua fría. Luego, póngalas en un cazo grande con 475 ml de agua. Hierva las judías a fuego rápido durante 10 minutos. Reducir el fuego y hervir a fuego lento, taparlo y dejar cocer durante una hora o hasta que las judías estén cocinadas, añadiendo agua si fuese necesario. Escurra las judías y vuélvalas a poner en el cazo. Remueva las verduras, la mostaza seca, cebolla, la miel de caña oscura, los tomates, el puré de tomate y la albahaca. Sazónelo bien y cocínelo durante 15 minutos o hasta que se hayan cocido las verduras.

≈ Mientras tanto, prepare el pastel de patatas. Cocine las patatas en agua hirviendo durante 20 minutos o hasta que estén blandas. Escúrralas bien y mézclelas con la leche.

≈ Añada la cebolla y el ajo, mezclándolo bien y amase doce pasteles del mismo tamaño.

En una sartén antiadherente, añada el aceite y déjelo calentar a fuego medio. Cocine los pasteles de patatas durante 15-20 minutos, dándoles la vuelta hasta que estén dorados. Servir calientes con las judías cocidas.

HECHOS NUTRICIONALES	
Tamaño de servir 1 (260 g)	
Calorías 154	Calorías procedentes de grasas 9
	% Valor diario
Total de grasas 1 g	1%
Grasas saturadas 0 g	0%
Grasas monoinsaturadas 0,0 g	0%
Grasas poliinsaturadas 0,2 g	0%
Colesterol 0 mg	0%
Sodio 12 mg	0%
Total carbohidratos 37 g	12%
Fibra dietética 6 g	23%
Azúcares 25 g	0%
Proteínas 1 g	0%

El tanto por ciento del valor diario se basa en una dieta de 2.000 calorías.

Picadillo de patatas marrones con judías cocidas.

Para las judías cocidas

225 g (8 oz) de judías secas en
    remojo durante toda la noche

150 ml (¼ pint) caldo de verduras

2,5 g (½ cucharadita) de mostaza seca

1 cebolla picada

30 ml (2 cucharadas) de miel de caña
    oscura

225 g (8 oz) de tomates pelados y
    picados

15 ml (1 cucharada) de tomate frito

15 g (1 cucharada) de albahaca
    picada fresca

Pimienta negra

Para el pastel de patatas

675 g (1½ lbs) de patatas partidas en
    dados

30 ml (2 cucharadas) de leche
    desnatada

1 cebolla picada

1 diente de ajo picado

10 ml (2 cucharadas) de aceite de
    girasol

HECHOS NUTRICIONALES	
Tamaño de servir 1 (194 g)	
Calorías 241	Calorías procedentes de grasas 18
	% Valor diario
Total de grasas 2 g	4%
Grasas saturadas 0 g	2%
Grasas monoinsaturadas 0,7 g	0%
Grasas poliinsaturadas 0,9 g	0%
Colesterol 0 mg	0%
Sodio 125 mg	5%
Total carbohidratos 46 g	15%
Fibra dietética 8 g	30%
Azúcares 3 g	0%
Proteínas 11 g	0%

El tanto por ciento del valor diario se basa en una dieta de 2.000 calorías.

PUDÍN DE PAN

8 RACIONES

Conocido por ser exquisito, este sabroso pudín de pan es el ejemplo perfecto de adaptación de una receta tradicional a otra baja en calorías sin comprometer el sabor.

6 rebanadas de pan sin corteza

15 g (1 cucharada) de margarina baja en calorías

1 pimiento rojo sin semillas

1 pimiento verde sin semillas

2 tomates troceados

50 g (2 oz) de queso cheddar rallado

2 huevos blancos batidos

475 ml (16 fl oz) de leche desnatada

Pimienta negra

≈ Unte el pan con la margarina y corte cada rebanada en cuatro triángulos al cortar en diagonal.

≈ Aparte la piel de los pimientos en una escurridera y póngalas al grill hasta que se ennegrezcan. Con la ayuda de las tenazas, colóquelas en una bolsa de plástico, ciérrela y deje que se enfríen. Desechar las pieles. Corte los pimientos en tiras estrechas.

≈ Coloque el pan, los pimientos, los tomates y la mitad del queso en un recipiente poco hondo. Mezcle el huevo blanco y la leche, y póngalo por encima del pan. Dejar reposar 30 minutos.

≈ Esparcir el queso restante sobre el plato y sazonar. Hornéelo a 170 °C (325 °F, Gas 3) durante 45 minutos hasta que se haga y suba; servir caliente.

HECHOS NUTRICIONALES		
Tamaño de servir 1 (165 g)		
Calorías 112	Calorías procedentes de grasas 18	
		% Valor diario
Total de grasas 2 g		4%
Grasas saturadas 1 g		3%
Grasas monoinsaturadas 1,0 g		0%
Grasas poliinsaturadas 0,7 g		0%
Colesterol 1 mg		0%
Sodio 214 mg		9%
Total carbohidratos 16 g		5%
Fibra dietética 2 g		9%
Azúcares 5 g		0%
Proteínas 8 g		0%

El tanto por ciento del valor diario se basa en una dieta de 2.000 calorías.

MUFFINS (MAGDALENAS)

12 RACIONES

El desayuno no sería desayuno sin magdalenas. Esta versión saludable le da todo lo bueno que siempre ha deseado de este clásico favorito.

75 g (3 oz) de harina de maíz

115 g (4 oz) de harina blanca

15 g (1 cucharada) de levadura

65 g (2½ oz) de muesli

30 ml (2 cucharadas) de dátiles chafados

10 g (2 cucharaditas) de azúcar moreno

1 huevo blanco batido

150 ml (¼ pint) de leche desnatada

30 g (2 cucharadas) de margarina baja en calorías derretida

≈ Coloque la harina, la levadura, el muesli, los dátiles y el azúcar moreno en un cuenco. En otro cuenco, mezcle el huevo, la leche y la margarina. Añádalos a los ingredientes secos y servir.

≈ Con una cuchara, reparta la mezcla en ocho moldes de magdalenas y llénelos unos dos tercios. Póngalos al horno a 220 °C (425 °F, gas 7) unos 20 o 25 minutos hasta que suban y se doren. Servir templados.

HECHOS NUTRICIONALES		
Tamaño de servir 1 (46 g)		
Calorías 119	Calorías procedentes de grasas 27	
		% Valor diario
Total de grasas 3 g		4%
Grasas saturadas 1 g		3%
Grasas monoinsaturadas 0,9 g		0%
Grasas poliinsaturadas 0,7 g		0%
Colesterol 0 mg		0%
Sodio 170 mg		7%
Total carbohidratos 21 g		7%
Fibra dietética 1 g		5%
Azúcares 5 g		0%
Proteínas 3 g		0%

El tanto por ciento del valor diario se basa en una dieta de 2.000 calorías.

Pudín de pan ▶

225 g (8 oz) de fresas mondadas y troceadas

150 ml (¼ pint) de zumo de arándanos

30 ml (2 cucharadas) de miel

2,5 g (½ cucharadita) de jengibre

475 ml (16 fl oz) de agua mineral con gas

Hielo y ramitas de menta para adornar

HECHOS NUTRICIONALES

Tamaño de servir 1 (265 g)

Calorías 85	Calorías procedentes de grasas 0
	% Valor diario
Total de grasas 0 g	0%
Grasas saturadas 0 g	0%
Grasas monoinsaturadas 0,0 g	0%
Grasas poliinsaturadas 0,2 g	0%
Colesterol 0 mg	0%
Sodio 3 mg	0%
Total carbohidratos 21 g	7%
Fibra dietética 2 g	9%
Azúcares 20 g	0%
Proteínas 1 g	0%

El tanto por ciento del valor diario se basa en una dieta de 2.000 calorías.

Para las tortitas

50 g (2 oz) de harina de maíz

5 g (1 cucharadita) de levadura

5 g (1 cucharadita) de azúcar molido

1 huevo mediano batido

85 ml (2½ fl oz) de leche desnatada

1 manzana verde de postre, pelada y troceada

15 g (1 cucharada) de uvas pasas

Para la salsa del yogur

150 ml (1¼ pints) de yogur natural bajo en calorías

2,5 g (½ cucharadita) de canela en polvo

5 ml (1 cucharadita) de miel

HECHOS NUTRICIONALES

Tamaño de servir 1 (122 g)

Calorías 131	Calorías procedentes de grasas 18
	% Valor diario
Total de grasas 2 g	3%
Grasas saturadas 1 g	4%
Grasas monoinsaturadas 0,7 g	0%
Grasas poliinsaturadas 0,3 g	0%
Colesterol 55 mg	18%
Sodio 368 mg	15%
Total carbohidratos 23 g	8%
Fibra dietética 3 g	10%
Azúcares 11 g	0%
Proteínas 6 g	0%

El tanto por ciento del valor diario se basa en una dieta de 2.000 calorías.

CÓCTEL DE FRESAS

4 RACIONES

Un cóctel refrescante para desayunar con espuma. Es tan rápido y fácil de hacer como de tomar.

≈ Ponga las fresas, el zumo de arándanos, la miel y el jengibre en un recipiente y bátalos hasta que quede cremoso.

≈ Añada agua mineral con gas, hielo y menta. Servir inmediatamente en vasos adornados.

TORTITAS DE MANZANA

4 RACIONES

Esta versión saludable de uno de los desayunos favoritos se rellena con trozos de manzana asada, complementada con salsa de yogur picante y canela.

≈ Esparza la harina y la levadura para las tortitas en un cuenco y remueva con el azúcar. Bata el huevo y la leche hasta que quede suave para rebozar. Añada la manzana y las uvas pasas y remover bien.

≈ Ponga a calentar a fuego medio un poco de aceite en una sartén pesada y antiadherente. Divida el rebozado en porciones iguales y ponga en la sartén cuatro porciones. Cocínelas durante 2-3 minutos hasta que empiecen a hervir. Déles la vuelta y cocínelas durante un minuto. Déjelas reposar en un plato caliente, mientras cocina las otras cuatro tortitas.

≈ Mezcle los ingredientes de la salsa de yogur en un cuenco y sírvala con las tortitas calientes.

Tortitas de manzana ▶

4 peras peladas y cortadas

300 ml (½ pint) de zumo de mango

1 barrita de canela picada

2,5 g (½ cucharadita) de nueces
mascadas

45 g (3 cucharadas) de uvas pasas

30 g (2 cucharaditas) de azúcar moreno

Hechos nutricionales

Tamaño de servir 1 (259 g)	
Calorías 204	Calorías procedentes de grasas 18

	% Valor diario
Total de grasas 2 g	3%
Grasas saturadas 0 g	0%
Grasas monoinsaturadas 0,1 g	0%
Grasas poliinsaturadas 0,2 g	0%
Colesterol 0 mg	0%
Sodio 21 mg	1%
Total carbohidratos 50 g	17%
Fibra dietética 7 g	27%
Azúcares 37 g	0%
Proteínas 1 g	0%

El tanto por ciento del valor diario se basa en una dieta de 2.000 calorías.

---

115 g (4 oz) de albaricoques secos

50 g (2 oz) de melocotones secos

50 g (2 oz) de mangos secos

50 g (2 oz) de peras secas

115 g (4 oz) de ciruelas secas

5 g (1 cucharadita) de canela en polvo

900 ml (1½ pints) de zumo de
naranja

3 ramitas de menta

150 ml (¼ pint) de yogur natural
bajo en calorías

El zumo de 1 naranja

Hechos nutricionales

Tamaño de servir 1 (370 g)	
Calorías 113	Calorías procedentes de grasas 18

	% Valor diario
Total de grasas 2 g	3%
Grasas saturadas 0 g	2%
Grasas monoinsaturadas 0,5 g	0%
Grasas poliinsaturadas 0,3 g	0%
Colesterol 2 mg	1%
Sodio 36 mg	2%
Total carbohidratos 89 g	30%
Fibra dietética 8 g	31%
Azúcares 70 g	0%
Proteínas 6 g	

El tanto por ciento del valor diario se basa en una dieta de 2.000 calorías.

PERAS PICANTES

4 RACIONES

El aroma de este plato es casi tan bueno como su sabor, y todo forma parte de su disfrute. Si le gusta, sírvalo con una cucharada de yogur natural o queso fresco.

≈ Ponga las peras cortadas por la mitad en un cazo con el zumo de frutas, especias, uvas pasas y azúcar. Caliéntelo hasta disolver el azúcar y empiece a hervir.

≈ Reduzca la temperatura y cocine a fuego lento durante 10 minutos hasta que las peras se ablanden. Servir caliente con almíbar.

ENSALADA DE FRUTAS PICANTES

4 RACIONES

Varias frutas rellenas de sabor y con su delicioso y concentrado sabor. Con la diversidad de variedades disponibles hoy en día es fácil mezclar deliciosas combinaciones para crear su ensalada favorita de frutas.

≈ Coloque las frutas en un cuenco y añada la canela y el zumo de naranja. Tápelo y déjelo en remojo toda la noche.

≈ Ponga el contenido del cuenco en un cazo con la menta y calentar hasta que empiece a hervir. Reduzca a fuego lento y deje que se vaya haciendo durante 20 minutos, hasta que las frutas se ablanden. Enfríelo y póngalo en la nevera.

≈ Saque la menta de la ensalada. Mezclar el yogur y el zumo de naranja. Servir con la ensalada de frutas.

Peras picantes ▶

APERITIVOS SIMPLES Y SOPAS CALIENTES

Crudités con salsa de tomate y chile

Patatas cocidas con piel

Kebabs de verduras

Enchiladas vegetales

Sopa de verduras y judías

Jambalaya de verduras

Sopa de calabacín y menta

Ensalada de naranja y escarola

Paté de espinacas

Tostadas mediterráneas

Ensalada de judías y verduras

Consomé de maíz

Champiñones marinados

Espárragos con salsa de pimiento rojo

Ensalada mediterránea

Sopa de calabaza

Peras con achicoria a la parrilla

CRUDITÉS CON SALSA DE TOMATE Y CHILE

4 RACIONES

Uno de los aperitivos más simples y populares, lleno de color, servido con verduras crujientes en una salsa deliciosa, difícil de resistir.

2 apios, cortados en ocho trozos

1 pimiento verde por la mitad sin semillas y cortado a tiras

1 zanahoria, cortada a tiras

3 tomates cherry

40 g (1½ oz) de guisantes

Para la salsa

300 ml (½ pint) de yogur natural bajo en calorías

15 ml (1 cucharada) de puré de tomate

60 ml (4 cucharadas) de mayonesa baja en calorías

1 chile verde picado

15 g (1 cucharada) de perejil fresco picado

≈ Prepare todas las verduras. Mezcle todos los ingredientes de la salsa y póngalos en un cuenco.

≈ Ponga el cuenco en un plato para servir y las verduras alrededor de la salsa. Sírvase inmediatamente.

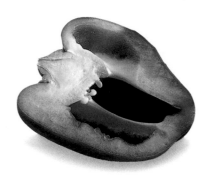

PATATAS COCIDAS CON PIEL

4 RACIONES

El eterno favorito; recuerde preparar las pieles el día antes para que resulte más fácil y rápido. Póngalas en el horno para calentarlas antes de servir.

≈ Limpie las patatas y póngalas en un molde para hornear. Cocínelas en el horno a 200 °C (400 °F, gas 6) durante una hora o hasta que se ablanden. Sáquelas y déjelas enfriar. Corte las patatas por la mitad y con una cuchara agujeree el centro dejando 1 cm de cáscara. Sale las pieles y ponga las patatas en el horno durante 10 minutos o hasta que se doren.

≈ Mezcle los ingredientes de la salsa de yogur, así como los de la mostaza. Finalmente, mezcle los ingredientes de la salsa de tomate. Ponga cada salsa en un cuenco diferente y tápelos hasta que se vayan a servir. Servir con las patatas calientes.

HECHOS NUTRICIONALES	
Tamaño de servir 1 (205 g)	
Calorías 105	Calorías procedentes de grasas 18

	% Valor diario
Total de grasas 2 g	4%
Grasas saturadas 1 g	4%
Grasas monoinsaturadas 0,3 g	0%
Grasas poliinsaturadas 0,6 g	0%
Colesterol 4 mg	1%
Sodio 330 mg	14%
Total carbohidratos 17 g	6%
Fibra dietética 3 g	10%
Azúcares 10 g	0%
Proteínas 5 g	0%

El tanto por ciento del valor diario se basa en una dieta de 2.000 calorías.

Patatas cocidas con piel.

4 patatas cocidas de tamaño mediano

Para la salsa de yogur

150 ml (1/4 pint) de yogur bajo en calorías

2 dientes de ajo, triturados

15 g (1 cucharada) de cebollas troceadas

Para la salsa de mostaza

150 ml (1/4 pint) de yogur bajo en calorías

10 ml (2 cucharaditas) de mostaza morena

1 chile jalapeño, triturado

Para la salsa de tomate

2 tomates de tamaño mediano triturados

45 g (3 cucharadas) de cebollas rojas picadas finamente

15 g (1 cucharada) de perejil picado fresco

1 pimiento verde sin semillas y picado

Una pizca de azúcar

HECHOS NUTRICIONALES	
Tamaño de servir 1 (414 g)	
Calorías 325	Calorías procedentes de grasas 18
	% Valor diario
Total de grasas 2 g	3%
Grasas saturadas 1 g	4%
Grasas monoinsaturadas 0,5 g	0%
Grasas poliinsaturadas 0,3 g	0%
Colesterol 4 mg	1%
Sodio 107 mg	4%
Total carbohidratos 70 g	23%
Fibra dietética 7 g	28%
Azúcares 16 g	0%
Proteínas 10 g	0%

El tanto por ciento del valor diario se basa en una dieta de 2.000 calorías.

2 tortillas de harina

Para el relleno

115 g (4 oz) de espinacas

4 cebollas partidas

25 g (1 oz) de queso cheddar rallado
bajo en calorías

Una pizca de cilantro

1 apio pequeño

50 g (2 oz) de maíz en lata

1 zanahoria pelada y rallada

Para la salsa

150 ml (¼ pint) de leche desnatada

10 g (2 cucharadas) de harina de
maíz

150 ml (¼ pint) de caldo de verduras

4 chiles jalapeños picantes y
troceados

50 g (2 oz) de queso rallado bajo en
calorías

15 ml (1 cucharada) de puré de
tomate

15 g (1 cucharada) de albahaca
fresca y picada

Albahaca o cilantro para adornar

Enchiladas vegetales.

HECHOS NUTRICIONALES	
Tamaño de servir 1 (221 g)	
Calorías 183	Calorías procedentes de grasas 36
	% Valor diario
Total de grasas 4 g	6%
Grasas saturadas 1 g	6%
Grasas monoinsaturadas 1,0 g	0%
Grasas poliinsaturadas 0,7 g	0%
Colesterol 8 mg	3%
Sodio 652 mg	27%
Total carbohidratos 25 g	8%
Fibra dietética 3 g	12%
Azúcares 5 g	0%
Proteínas 13 g	0%

*El tanto por ciento del valor diario se basa en
una dieta de 2.000 calorías.*

KEBABS DE VERDURAS

6 RACIONES

El plato perfecto para los amantes de las verduras. Esta combinación de colores se sirve en una masa de trigo ligeramente enharinada con cilantro.

≈ Prepare todas las verduras y póngalas en un plato no muy hondo. Mézclelas con el vermú, el aceite, 30 ml de jugo de limón, el ajo, la mitad del cilantro y la mitad del jugo de limón. Servir sobre las verduras, taparlas y dejarlas cocer durante 2 horas.

≈ Mientras tanto, ponga el trigo bulgur en un cuenco y añada 300 ml de agua hirviendo. Déjelo reposar durante 30 minutos o hasta que se absorba el agua. Escúrralo si es necesario y remueva el jugo de limón y el cilantro. Sazone.

≈ Saque las verduras y repártalas en cuatro brochetas. Póngalas al grill durante 10 minutos girándolas hasta que estén hechas. Sirva la masa de trigo junto al kebab.

1 calabacín a trozos

1 pimiento amarillo sin semillas y cortado a dados

4 mazorcas cortadas por la mitad

4 champiñones grandes

1 pimiento rojo pequeño cortado a dados y sin semillas

125 ml (4 fl oz) vermú

15 ml (1 cucharada) de aceite de oliva

60 ml (4 cucharadas) de zumo de limón

1 diente de ajo, picado

30 g (2 cucharadas) de cilantro fresco y picado

El jugo de un limón

115 g (4 oz) de trigo bulgur molido

ENCHILADAS VEGETALES

4 RACIONES

Versión vegetariana del plato mexicano. Aquí, las tortillas de harina se rellenan con una mezcla de vegetales crujientes, y se enrollan y cuecen con una salsa de tomate picante. Se han usado los chiles jalapeños picantes, ya que son más suaves.

≈ Cueza las espinacas en agua hirviendo durante 2-3 minutos. Escúrralas bien y coloque en un cuenco las cebollas, el queso, el cilantro, el apio, el maíz y las zanahorias.

≈ Vierta una cucharada del relleno sobre cada una de las tortillas. Enróllelas y córtelas por la mitad. Colóquelas en un recipiente no muy hondo en el horno.

≈ Para la salsa, mezclar 60 ml (4 cucharadas) de leche desnatada con harina de maíz hasta que se haga una pasta. Caliente la leche y el caldo de verduras en un cazo y añádalo a la pasta de la harina de maíz, removiendo los chiles jalapeños, la mitad del queso y el puré de tomate.

≈ Ponga la salsa a hervir, removiendo hasta que espese. Cocine durante un minuto y sirva las tortillas en el plato. Espolvoree el queso restante sobre las tortillas y hornear a 180 °C (350 °F, gas 4) durante 30 minutos o hasta que la salsa empiece a hervir y el queso se derrita. Decorar con cilantro o albahaca y hervir con una pequeña ensalada.

HECHOS NUTRICIONALES	
Tamaño de servir 1 (209 g)	
Calorías 209	Calorías procedentes de grasas 27

	% Valor diario
Total de grasas 3 g	5%
Grasas saturadas 1 g	2%
Grasas monoinsaturadas 1,7 g	0%
Grasas poliinsaturadas 0,7 g	0%
Colesterol 0 mg	0%
Sodio 50 mg	2%
Total carbohidratos 35 g	12%
Fibra dietética 5 g	19%
Azúcares 2 g	0%
Proteínas 4 g	0%

El tanto por ciento del valor diario se basa en una dieta de 2.000 calorías.

SOPA DE VERDURAS Y JUDÍAS

8 RACIONES

Realmente, esta sopa es buena para el corazón, llena de gracia. Se puede preparar con cualquier verdura y es perfecta para hacerla y dejarla en el congelador.

1,75 l (3 pints) de caldo de verduras variadas

1 cebolla partida

225 g (8 oz) de patatas cortadas en dados

2 zanahorias peladas y ralladas

1 chirivía pelada y rallada

1 puerro troceado

140 g (4½ oz) de mazorca troceada

2 dientes de ajo picados

5 g (1 cucharadita) de curry en polvo

5 g (1 cucharadita) de chile en polvo

450 g (16 oz) de judías pintas cocidas de lata

Pimienta negra

30 g (2 cucharadas) de perejil fresco picado

≈ Caliente 150 ml (¼ pint) del caldo de verduras en un cazo grande y cocine la cebolla, las patatas, las zanahorias, la chirivía, el puerro, el maíz y el ajo durante 5 minutos.
≈ Añada el curry y el chile en polvo con el caldo de verduras que queda y caliente la sopa hasta que empiece a hervir. Reduzca el fuego y cocine a fuego lento durante 20 minutos o hasta que las verduras estén tiernas. Añada las judías secas y cocínelas durante otros 10 minutos. Sazónelas y adórnelas con perejil antes de servirlas con pan crujiente.

JAMBALAYA DE VERDURAS

4 RACIONES

Es un plato típico caribeño, que se prepara generalmente con salsa picante; pero esta versión vegetariana pega fuerte y sabe deliciosa.

≈ Hervir los arroces durante 20 minutos. Escúrralos bien. Mientras tanto, ponga las berenjenas en un colador, sálelas y déjelas así durante 20 minutos. Lávelas y séquelas con papel de cocina.
≈ Ponga la berenjena, la cebolla, el apio y el caldo de verduras en una olla antiadherente y cocínelas durante 5 minutos removiendo. Añada el ajo, el maíz, las judías, las zanahorias, los tomates, el puré de tomates, la salsa criolla y la salsa de chile. Calentar hasta que empiece a hervir, reducir el fuego y cocinarlo durante otros 20 minutos. Remueva, escurra el arroz y cocínelo durante otros 5 minutos. Adórnelo con perejil y sírvalo.

HECHOS NUTRICIONALES	
Tamaño de servir 1 (348 g)	
Calorías 275	Calorías procedentes de grasas 18
	% Valor diario
Total de grasas 2 g	3%
Grasas saturadas 0 g	1%
Grasas monoinsaturadas 0,0 g	0%
Grasas poliinsaturadas 0,4 g	0%
Colesterol 0 mg	0%
Sodio 980 mg	41%
Total carbohidratos 51 g	17%
Fibra dietética 11 g	43%
Azúcares 4 g	0%
Proteínas 17 g	0%

El tanto por ciento del valor diario se basa en una dieta de 2.000 calorías.

Jambalaya de verduras.

45 g (1¾ oz) de arroz blanco alargado

40 g (1½ oz) de arroz

1 berenjena partida y troceada

5 g (1cucharadita) de sal

1 cebolla picada

1 barrita de apio

175 ml (6 fl oz) de caldo de verduras

2 dientes de ajo picados

40 g (1½ oz) de mazorca

90 g (3½ oz) de judías verdes

175 g (6 oz) de zanahorias

250 ml (8 fl oz) de tomates triturados de lata

20 ml (4 cucharaditas) de puré de tomate

5 g (1 cucharadita) de salsa criolla

5 g (1 cucharadita) de salsa de chile

Perejil fresco picado para adornar

HECHOS NUTRICIONALES	
Tamaño de servir 1 (228 g)	
Calorías 141	Calorías procedentes de grasas 9

	% Valor diario
Total de grasas 1 g	2%
Grasas saturadas 0 g	1%
Grasas monoinsaturadas 0,1 g	0%
Grasas poliinsaturadas 0,5 g	0%
Colesterol 0 mg	0%
Sodio 904 mg	38%
Total carbohidratos 29 g	10%
Fibra dietética 3 g	11%
Azúcares 3 g	0%
Proteínas 6 g	0%

El tanto por ciento del valor diario se basa en una dieta de 2.000 calorías.

SOPA DE CALABACÍN Y MENTA

4 RACIONES

Esta delicada sopa puede servirse tanto fría como caliente. Si se sirve caliente, mezclarla con yogur una vez la sopa se ha hecho líquida, adornarla y servir inmediatamente con pan caliente o picatostes.

900 ml (1½ pints) de caldo de verduras

1 cebolla picada

1 diente de ajo picado

3 calabacines rallados

1 patata grande pelada y cortada

15 g (1 cucharadita) de menta fresca picada

Pimienta negra en polvo

150 ml (¼ pint) de yogur bajo en calorías

Ramitas de menta y tiras de calabacín para adornar

≈ Ponga la mitad del caldo de verduras en una olla grande, añada la cebolla y el ajo y cocínelo durante 5 minutos a fuego rápido hasta que se ablande la cebolla. Añada los calabacines rallados, la patata y el resto de caldo de verduras. Remueva con la menta, y a fuego rápido cocínelo durante 20 minutos hasta que se haga la patata.

≈ Batir la sopa durante 10 segundos hasta que quede suave. A continuación, ponga la sopa en un cuenco, sazone y mezcle con el yogur. Tápela y déjela enfriar durante 2 horas. Repártala en cuencos individuales o en una sopera, adórnela y sírvala.

HECHOS NUTRICIONALES

Tamaño de servir 1 (271 g)

Calorías 78	Calorías procedentes de grasas 9

	% Valor diario
Total de grasas 1 g	2%
Grasas saturadas 0 g	2%
Grasas monoinsaturadas 0,2 g	0%
Grasas poliinsaturadas 0,0 g	0%
Colesterol 2 mg	1%
Sodio 821 mg	34%
Total carbohidratos 14 g	5%
Fibra dietética 1 g	3%
Azúcares 5 g	0%
Proteínas 4 g	0%

El tanto por ciento del valor diario se basa en una dieta de 2.000 calorías.

ENSALADA DE NARANJA Y ESCAROLA

4 RACIONES

Esta receta aclara el paladar para platos futuros. Las escarolas crujientes se complementan con las frutas y el sabor fuerte y picante del acompañamiento.

2 naranjas

2 escarolas

1 pera

10 g (2 cucharaditas) de menta fresca picada

15 ml (1 cucharada) de miel clara

7,5 ml (½ cucharada) de vinagre de sidra

30 ml (2 cucharadas) de zumo de naranja

30 g (2 cucharadas) de nuez moscada picada

El zumo de 1 naranja

≈ Pelar la naranja y quitar las pepitas. Separar las naranjas en gajos y reservarlos con el zumo. Corte las escarolas por la mitad. Cortar igual la pera y quitarle el corazón.

≈ Mezcle todo con la menta, la miel y el vinagre. Añada el zumo de naranja y échelo por encima de la escarola. Cocínelo en el grill durante 2 minutos.

≈ Ponga los trozos de naranja y pera bien dispuestos en una fuente y espolvoréelos con la nuez moscada. Ponga la escarola en platos y añada a cada uno una cucharada de la salsa de acompañamiento. Salpíquelo con el zumo de naranja y sírvalo.

HECHOS NUTRICIONALES

Tamaño de servir 1 (179 g)

Calorías 109	Calorías procedentes de grasas 27

	% Valor diario
Total de grasas 3 g	4%
Grasas saturadas 0 g	1%
Grasas monoinsaturadas 0,6 g	0%
Grasas poliinsaturadas 1,6 g	0%
Colesterol 0 mg	0%
Sodio 12 mg	0%
Total carbohidratos 22 g	7%
Fibra dietética 4 g	17%
Azúcares 16 g	0%
Proteínas 2 g	0%

El tanto por ciento del valor diario se basa en una dieta de 2.000 calorías.

Sopa de calabacín y menta ▶

40 g (1½ oz) de trigo

675 g (1½ lb) de espinacas

45 ml (3 cucharadas) de caldo de verduras

1 cebolla picada

2 dientes de ajo triturados

15 g (1 cucharada) de orégano fresco
    picado

15 g (1 cucharada) de tomillo fresco
    picado

10 ml (2 cucharadas) de vinagre de sidra

1 huevo batido

30 g (2 cucharadas) de cilantro picado

50 g (2 oz) de queso rallado bajo en
    calorías

6-8 hojas de lechuga

HECHOS NUTRICIONALES

Tamaño de servir 1 (138 g)		
Calorías 66	Calorías procedentes de grasas 18	
		% Valor diario
Total de grasas 2 g		2%
Grasas saturadas 0 g		2%
Grasas monoinsaturadas 0,4 g		0%
Grasas poliinsaturadas 0,2 g		0%
Colesterol 29 mg		10%
Sodio 120 mg		5%
Total carbohidratos 8 g		3%
Fibra dietética 3 g		13%
Azúcares 1 g		0%
Proteínas 6 g		0%

El tanto por ciento del valor diario se basa en una dieta de 2.000 calorías.

PATÉ DE ESPINACAS

8 RACIONES

Este paté debe prepararse con antelación a ser servido, ya que requiere dejarlo enfriar después de cocinar. Al escurrir las espinacas, asegúrese de quitarles todo el agua, ya que si no la mezcla será demasiado húmeda. Esta receta podría ser para cuatro personas si se acompañase de ensalada o salsa de tomate.

≈ Cocine el trigo en agua hirviendo durante 15 minutos o hasta que se disuelva y se haga. Séquelo bien. Lave las espinacas y cocínelas en un cazo hasta que empiecen a ablandarse. Escúrralas bien y trocéelas.

≈ Caliente el caldo de verduras restantes en un cazo y cocine el ajo y la cebolla durante 2-3 minutos hasta que se empiecen a ablandar. Añada el trigo, el orégano, el tomillo y el vinagre, y cocínelo durante 5 minutos. Retire el cazo del fuego y eche el huevo, el cilantro picado, el queso y las espinacas.

≈ Ponga las hojas de lechuga y la mezcla de espinacas en un cazo y deje las hojas de lechuga arriba para cubrir la mezcla.

≈ Tape el cazo y ponga el paté en el horno a 180 °C (350 °F, gas 4) durante 45-60 minutos. Déjelo enfriar en el frigorífico durante 2 horas. Desmolde el paté y sírvalo con tostadas calientes y una pequeña ensalada.

---

4 rebanadas de pan crujiente

2 dientes de ajo picado

15 ml (1 cucharada) de poliinsaturados
    para untar bajos en calorías (salsa),
    derretidos

4 tomates pelados y triturados

15 ml (1 cucharada) de puré de tomate

4 olivas negras picadas

Pimienta negra molida

Ramitas de albahaca para adornar

HECHOS NUTRICIONALES

Tamaño de servir 1 (162 g)		
Calorías 123	Calorías procedentes de grasas 27	
		% Valor diario
Total de grasas 3 g		5%
Grasas saturadas 0 g		2%
Grasas monoinsaturadas 0,0 g		0%
Grasas poliinsaturadas 0,0 g		0%
Colesterol 0 mg		0%
Sodio 265 mg		11%
Total carbohidratos 20 g		7%
Fibra dietética 2 g		9%
Azúcares 4 g		0%
Proteínas 4 g		0%

El tanto por ciento del valor diario se basa en una dieta de 2.000 calorías.

TOSTADAS MEDITERRÁNEAS

4 RACIONES

Estos pequeños sándwiches son deliciosos como aperitivos. Use un pan pequeño y crujiente como la chapata italiana o francesa y haga ocho rebanadas en lugar de cuatro. Asegúrese de cocinarlo justo antes de servir.

≈ Tueste las rebanadas de pan en el grill durante 2 minutos por ambas caras. Mezcle el ajo y la salsa baja en calorías y unte con ellas una de las caras de la rebanada del pan.

≈ Mezcle los tomates, el puré de tomate y las olivas todo junto, sazónelo y repártalo en las tostadas. Cocínelo en el grill durante 2-3 minutos o hasta que se caliente. Saque las tostadas del grill y córtelas por la mitad. Adórnelas con albahaca y sírvalas.

Tostadas mediterráneas ▶

ENSALADA DE JUDÍAS Y VERDURAS

4 RACIONES

En esta ensalada de colores se pueden usar judías de lata cocidas y judías verdes, ya que ambas son idóneas. Si prefiere usar judías secas, ponga en agua 225 g (8 oz) durante toda la noche antes de cocinarlas, escurriéndolas bien.

115 g (4 oz) de lechuga

175 g (6 oz) de judías secas en lata

175 g (6 oz) de judías verdes

1 cebolla roja

1 pimiento verde partido por la mitad y cortado a tiras

1 pimiento naranja, cortado a tiras y sin semillas

155 g (4½ oz) de maíz

75 g (3 oz) de brócoli

Para el acompañamiento

30 ml (2 cucharadas) de miel clara

30 ml (2 cucharadas) de vinagre de ajo

10 ml (2 cucharadas) de mostaza

10 g (2 cucharada) de perejil picado

Pimienta negra molida

≈ Coja un cuenco de ensalada y ponga las lechugas. Mezcle las judías, la cebolla, los pimientos, el maíz y el brócoli, y añádalo a las lechugas.

≈ Mezcle todos los ingredientes del acompañamiento en una jarra, remuévalos y repártalos por toda la ensalada. Remuévalo bien y sírvalo con pan crujiente y caliente.

CONSOMÉ DE MAIZ

4 RACIONES

Un consomé clásico nunca pierde su apariencia. Invito a cualquiera de sus invitados a buscar la diferencia de sabor de la receta tradicional de esta crema. Preparar con antelación y dejar en la nevera en porciones.

≈ Ponga el maíz, la cebolla y el pimiento en un cazo. Vierta 60 ml (4 cucharadas) de leche con harina de maíz para formar una pasta.

≈ Ponga el cazo en el fuego hasta que empiece a hervir; reduzca la intensidad y cocínelo así 20 minutos. Añada la leche y la pasta y caliéntelo hasta que empiece a hervir, removiendo hasta formar una masa espesa. Viértalo en el queso y los cebollinos y sazone. Caliente hasta que se funda el queso, adorne y sirva.

HECHOS NUTRICIONALES	
Tamaño de servir 1 (306 g)	
Calorías 482	Calorías procedentes de grasas 18
	% Valor diario
Total de grasas 2 g	3%
Grasas saturadas 0 g	2%
Grasas monoinsaturadas 0,3 g	0%
Grasas poliinsaturadas 0,8 g	0%
Colesterol 0 mg	0%
Sodio 38 mg	2%
Total carbohidratos 92 g	31%
Fibra dietética 20 g	78%
Azúcares 11 g	0%
Proteínas 28 g	0%

El tanto por ciento del valor diario se basa en una dieta de 2.000 calorías.

Consomé de maíz.

275 g (10 z) de granos de maíz en
 lata

600 ml (1 pint) de caldo de verduras

1 cebolla roja

1 pimiento verde sin semillas

600 ml (1 pint) de leche desnatada

30 g (2 cucharadas) de harina de maíz

75 g (3 oz) de queso cheddar bajo
 en calorías, rallado

15 g (1 cucharada) de cebollinos
 troceados

Pimienta negra molida

Cebollinos troceados para adornar

HECHOS NUTRICIONALES	
Tamaño de servir 1 (447 g)	
Calorías 216	Calorías procedentes de grasas 36
	% Valor diario
Total de grasas 4 g	6%
Grasas saturadas 1 g	7%
Grasas monoinsaturadas 1,1 g	0%
Grasas poliinsaturadas 0,6 g	0%
Colesterol 10 mg	3%
Sodio 854 mg	36%
Total carbohidratos 29 g	10%
Fibra dietética 2 g	9%
Azúcares 10 g	0%
Proteínas 18 g	0%

El tanto por ciento del valor diario se basa en una dieta de 2.000 calorías.

CHAMPIÑONES MARINADOS

4 RACIONES

Estos champiñones son bastante picantes y están deliciosos servidos con pasteles de avena para mojar esta deliciosa salsa.

200 g (7 oz) de champiñones sin tallo

125 ml (4 fl oz) de jerez seco

60 ml (4 cucharadas) de vinagre de ajo

60 ml (4 cucharadas) de caldo de verduras

2 dientes de ajo picados

1 cebolla cortada en ocho

5 ml (1 cucharadita) de mostaza

15 ml (1 cucharada) de salsa de soja

30 ml (2 cucharadas) de puré de tomate

1 hoja de laurel

≈ Ponga los champiñones en un cazo con el jerez, el vinagre, el caldo de verduras, el ajo, la cebolla, la mostaza, la salsa de soja, el puré de tomate y la hoja de laurel. Caliéntelo durante 10 minutos a fuego rápido.

≈ Déjelo enfriar, saque la hoja de laurel y viértalo en una fuente de servir. Tápelo hasta el momento de servir. Sírvalo con pasteles de avena y ensalada.

HECHOS NUTRICIONALES

Tamaño de servir 1 (103 g)

Calorías 44	Calorías procedentes de grasas 9
	% Valor diario
Total de grasas 1 g	1%
Grasas saturadas 0 g	0%
Grasas monoinsaturadas 0,2 g	0%
Grasas poliinsaturadas 0,1 g	0%
Colesterol 0 mg	0%
Sodio 368 mg	15%
Total carbohidratos 7 g	2%
Fibra dietética 1 g	5%
Azúcares 2 g	0%
Proteínas 2 g	0%

El tanto por ciento del valor diario se basa en una dieta de 2.000 calorías.

ESPÁRRAGOS CON SALSA DE PIMIENTO ROJO

4 RACIONES

Esta brillante salsa de pimiento rojo parece terrible para poner sobre los espárragos. Si no quiere una salsa muy picante, puede, o bien reducir la cantidad de salsa de chile, o no poner ninguna.

Para la salsa

3 pimientos rojos partidos por la mitad y sin semillas

475 ml (16 fl oz) de caldo de verduras

5 ml (1 cucharadita) de salsa de chile

El zumo de 1 limón

1 diente de ajo picado

450 g (1 lb) de espárragos trigueros

El zumo de 1 limón

Ramitas de perejil para adornar

≈ Para hacer la salsa, cocine los pimientos en la parrilla durante 5 minutos hasta que la piel empiece a ennegrecer. Retírelos con las pinzas y póngalos en un cuenco; tápelo y déjelos durante 20 minutos. Desechar la piel de los pimientos.

≈ Pique los pimientos y póngalos en una olla con el caldo de verduras, la salsa de chile, el zumo de limón y el ajo.

≈ Cocínelo durante 20 minutos o hasta que los pimientos estén tiernos. Ponga la salsa en una batidora y bátala durante 10 segundos. Vuelva a poner la salsa en la olla y caliente a fuego rápido.

≈ Mientras tanto, ate los espárragos en cuatro manojos iguales. Déjelos hervir en una olla llena de agua durante 10-15 minutos o hasta que estén tiernos. Sáquelos y deshaga el nudo de los fardos. Póngalos en cuatro platos y vierta la salsa sobre ellos. Salpique con el zumo de limón y adorne con perejil antes de servir.

HECHOS NUTRICIONALES

Tamaño de servir 1 (303 g)

Calorías 57	Calorías procedentes de grasas 9
	% Valor diario
Total de grasas 1 g	2%
Grasas saturadas 0 g	1%
Grasas monoinsaturadas 0,0 g	0%
Grasas poliinsaturadas 0,4 g	0%
Colesterol 0 mg	0%
Sodio 937 mg	39%
Total carbohidratos 10 g	3%
Fibra dietética 3 g	12%
Azúcares 6 g	0%
Proteínas 4 g	0%

El tanto por ciento del valor diario se basa en una dieta de 2.000 calorías.

Espárragos con salsa de pimiento rojo ▶

ENSALADA MEDITERRÁNEA

4 RACIONES

Cualquier combinación de verduras será deliciosa con esta salsa de tomate y ajo. Asegúrese de enfriar el plato bien antes de servir y de tener pan crujiente a mano para mojar la salsa.

300 ml (½ pint) de caldo de verduras

1 cebolla picada finamente

1 diente de ajo picado

60 ml (4 cucharadas) de vino blanco seco

4 tomates pelados y triturados

El jugo de una lima

15 ml (1 cucharada) de vinagre de sidra

10 ml (2 cucharaditas) de puré de tomate

5 g (1 cucharadita) de semillas de hinojo

65 g (2½ oz) de champiñones sin tallo

50 g (2 oz) de judías francesas

1 calabacín troceado

Pimienta negra molida

Ramitas de albahaca para adornar

HECHOS NUTRICIONALES	
Tamaño de servir 1 (311 g)	
Calorías 127	Calorías procedentes de grasas 18

	% Valor diario
Total de grasas 2 g	3%
Grasas saturadas 0 g	1%
Grasas monoinsaturadas 0,3 g	0%
Grasas poliinsaturadas 0,4 g	0%
Colesterol 0 mg	0%
Sodio 516 mg	22%
Total carbohidratos 23 g	8%
Fibra dietética 2 g	8%
Azúcares 6 g	0%
Proteínas 6 g	0%

El tanto por ciento del valor diario se basa en una diéta de 2.000 calorías.

≈ Caliente el caldo en una olla grande y cocine la cebolla y el ajo durante 3 o 4 minutos. Añada el vino, los tomates, el jugo de lima, el vinagre, el puré de tomate, el hinojo y las semillas de mostaza y verduras. Deje hervir la mezcla y cocínela a fuego lento durante 20 minutos o hasta que las verduras estén hechas. Sazone con pimienta negra.

≈ Ponga la mezcla en una fuente, tápela y déjela enfriar por lo menos una hora. Adórnelo antes de servir con albahaca.

SOPA DE CALABAZA

4 RACIONES

*Si a esta sopa le añadimos patatas, el plato puede ser un ligero snack.
Use calabaza en lata para hacerlo más fácil y rápido.*

≈ Ponga la cebolla, el caldo, las patatas y el maíz en una olla grande. Cocínelo durante 15 minutos o hasta que las patatas estén tiernas.

≈ Añada la calabaza, la leche y la mitad de los cebollinos. Cocinar durante 5 minutos. Póngalo en cuencos individuales y salpíquelo con los cebollinos restantes.

1 cebolla pequeña picada

475 ml (16 fl oz) de caldo de verduras

175 g (6 oz) de patatas

225 g (8 oz) de maíz en lata

450 g (1 lb) de calabaza

300 ml (½ pint) de leche desnatada

30 g (2 cucharadas) de cebollinos frescos

HECHOS NUTRICIONALES	
Tamaño de servir 1 (426 g)	
Calorías 187	Calorías procedentes de grasas 18
	% Valor diario
Total de grasas 2 g	3%
Grasas saturadas 1 g	3%
Grasas monoinsaturadas 0,6 g	0%
Grasas poliinsaturadas 0,5 g	0%
Colesterol 1 mg	0%
Sodio 657 mg	27%
Total carbohidratos 37 g	12%
Fibra dietética 6 g	23%
Azúcares 6 g	0%
Proteínas 9 g	0%

El tanto por ciento del valor diario se basa en una dieta de 2.000 calorías.

PERAS CON ACHICORIA A LA PARRILLA

6 RACIONES

La achicoria tiene un ligero sabor amargo que se complementa perfectamente con las peras dulces de esta receta. Prepare y cocine este plato justo antes de servirlo, ya que la achicoria se ennegrece muy deprisa si se corta y se deja fuera de la nevera.

≈ Corte las achicorias por la mitad. Mezcle la mitad del aceite con el ajo y viértalo por encima de la achicoria. Cocínelo en la parrilla durante 3 o 4 minutos o hasta que la achicoria empiece a cambiar de color. Déles la vuelta y cocínelas durante 1 o 2 minutos más.

≈ Con cuidado dé la vuelta otra vez a las achicorias y ponga trocitos de peras sobre ellas. Mezcle el aceite restante con el jugo de limón y el tomillo, sazone y esparza las peras y la escarola. Cocinar a la parrilla durante 3 o 4 minutos hasta que las peras cambien de color y póngalo en una fuente caliente. Esparza las castañas por encima y el jugo de limón sobre las peras. Salpique con el zumo de limón y decore con ramitas de tomillo frescas. Sírvalo inmediatamente con pan caliente crujiente.

4 cabezas de achicoria pequeñas

20 ml (4 cucharadas) de aceite de girasol

1 diente de ajo picado

2 peras partidas por la mitad, sin piel y troceadas

15 ml (1 cucharada) de jugo de limón

10 g (2 cucharadita) de tomillo fresco picado

Pimienta negra molida

50 g (2 oz) de castañas cocidas y picadas

Zumo de limón y ramitas de tomillo para servir

HECHOS NUTRICIONALES	
Tamaño de servir 1 (106 g)	
Calorías 112	Calorías procedentes de grasas 27
	% Valor diario
Total de grasas 3 g	5%
Grasas saturadas 0 g	2%
Grasas monoinsaturadas 1,5 g	0%
Grasas poliinsaturadas 1,3 g	0%
Colesterol 0 mg	0%
Sodio 20 mg	1%
Total carbohidratos 20 g	7%
Fibra dietética 1 g	6%
Azúcares 8 g	0%
Proteínas 1 g	0%

El tanto por ciento del valor diario se basa en una dieta de 2.000 calorías.

COMIDAS Y CENAS LIGERAS

PATÉ DE LENTEJAS CON CURRY

8 RACIONES

En esta receta usamos lentejas rojas por rapidez, ya que no requieren estar en remojo. Si usted desea usar otro tipo de lentejas, lávelas, déjelas en remojo y cocínelas antes de usarlas en esta receta.

750 ml (1¼ pints) de caldo de verduras

1 cebolla picada

3 dientes de ajo picados

5 g (1 cucharadita) de comino en polvo

5 g (1 cucharadita) de cilantro en polvo

2,5 g (½ cucharadita) de chile

200 g (7 oz) de lentejas rojas lavadas

1 huevo

60 ml (4 cucharadas) de leche desnatada

30 ml (2 cucharaditas) de melocotón

30 g (2 cucharadas) de cilantro fresco picado

Pimienta negra molida

Ramitas de cilantro para adornar

≈ Caliente 150 ml de caldo de verduras en un cazo y cocine la cebolla y el ajo durante 2 o 3 minutos o hasta que la cebolla se empiece a ablandar. Añada el comino en polvo, el cilantro en polvo, el chile, las lentejas y el resto del caldo. Caliente hasta que esté a punto de hervir, reduzca el fuego y cocine a fuego lento durante 20 minutos o hasta que las lentejas se ablanden o se hagan. Quite el cazo del fuego y escúrralas bien.

≈ Ponga la mezcla en una picadora, añada el huevo, la leche, el cilantro picado y la pimienta negra en polvo y pruébelo. Píquelo durante 10 segundos hasta que quede una mezcla suave. Póngalo en un molde de 900 g (2 lb) y remueva la superficie con una cuchara. Tápelo y llévelo al horno a 200 °C (400 °F, gas 6) durante una hora.

≈ Deje enfriar el paté antes de meterlo en la nevera. Desmolde el paté, pártalo en pedacitos, decórelo con cilantro y sírvalo con una ensalada crujiente.

VERDURAS ASADAS CON TOSTADAS

4 RACIONES

El sabor de las verduras asadas es bastante diferente del que tienen hervidas o al vapor, y uno no debe perdérselo. Esta mezcla mediterránea está llena de color y sabe genial con salsa ligera de queso.

≈ Caliente el horno a 200 °C (400 °F, gas 6). Ponga todas las verduras en agua hirviendo durante 8 minutos y déjelas secar. Ponga las verduras en una parrilla y salpíquelas con el aceite y el romero por encima. Cocínelas en el horno durante 25 minutos o hasta que se ablanden.

≈ Mientras tanto, caliente el caldo en una olla con la leche. Añada el ajo, el queso cremoso, la pimienta negra molida y la mostaza. Añada la harina de maíz con

30 ml (2 cucharadas) de agua fría para formar una pasta y viértala en la salsa. Calentar hasta hervir, remover hasta que espese y añadir el romero.

≈ Cocine el pan por ambos lados en la parrilla durante 2 o 3 minutos hasta que se dore. Ponga dos rebanadas de las tostadas en cuatro platos calientes y sobre ellos ponga las verduras asadas. Vierta una cucharada de la salsa en cada uno de ellos, adorne con albahaca y romero y sírvalo.

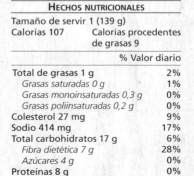

HECHOS NUTRICIONALES	
Tamaño de servir 1 (139 g)	
Calorías 107	Calorías procedentes de grasas 9

	% Valor diario
Total de grasas 1 g	2%
Grasas saturadas 0 g	1%
Grasas monoinsaturadas 0,3 g	0%
Grasas poliinsaturadas 0,2 g	0%
Colesterol 27 mg	9%
Sodio 414 mg	17%
Total carbohidratos 17 g	6%
Fibra dietética 7 g	28%
Azúcares 4 g	0%
Proteínas 8 g	0%

El tanto por ciento del valor diario se basa en una dieta de 2.000 calorías.

Verduras asadas con tostadas.

Una cabeza de hinojo partida

2 champiñones grandes pelados y
troceados

1 calabacín troceado

1 pimiento rojo, sin semillas, partido
por la mitad

1 cebolla roja cortada en ocho

15 ml (1 cucharada) de aceite de
girasol

2 ramitas de romero

8 rebanadas de pan blanco

Para la salsa

150 ml (1/4 pint) de caldo de
verduras

75 ml (3 fl oz) de leche desnatada

2 dientes de ajo chafados

50 g (2 oz) de queso cremoso bajo
en calorías

Pimienta negra molida

5 ml (1 cucharadita) de mostaza

15 g (1 cucharada) de harina de maíz

1 ramita de romero, picada

Albahaca y ramitas de romero para
adornar

HECHOS NUTRICIONALES	
Tamaño de servir 1 (245 g)	
Calorías 250	Calorías procedentes de grasas 72
	% Valor diario
Total de grasas 8 g	12%
Grasas saturadas 1 g	4%
Grasas monoinsaturadas 1,9 g	0%
Grasas poliinsaturadas 1,5 g	0%
Colesterol 9 mg	3%
Sodio 430 mg	18%
Total carbohidratos 43 g	14%
Fibra dietética 7 g	28%
Azúcares 3 g	0%
Proteínas 13 g	0%

El tanto por ciento del valor diario se basa en una dieta de 2.000 calorías.

CRÊPES DE ESPINACAS

4 RACIONES

Estas crêpes inusuales bajas en calorías están hechas de una masa baja en grasas y enrolladas. Vigílelas mientras se hacen ya que en seguida se ponen marrones.

Para las crêpes

75 g (3 oz) de harina blanca

125 ml (4 fl oz) de agua

5 ml (1 cucharadita) de aceite de girasol

Para el relleno

30 ml (2 cucharadas) de caldo de verduras

1 calabacín pequeño troceado

50 g (2 oz) de espinacas picadas

1 cebolla picada pequeña

65 g (2½ oz) de champiñones troceados

½ pimiento rojo sin semillas y cortado a tiras

1 apio troceado

1 diente de ajo aplastado

Una pizca de nuez moscada

Para la salsa

150 ml (¼ pint) de leche desnatada

15 g (1 cucharada) de harina de maíz

150 ml (¼ pint) de caldo de verduras

Pimienta negra molida

15 g (1 cucharada) de tomillo fresco chafado

50 g (2 oz) de queso rallado bajo en calorías

2,5 g (½ cucharadita) de pimentón

≈ Separe la harina de las crêpes en un cuenco de mezclar y deje un espacio en el centro. Caliente el agua y el aceite hasta que hierva e introduzca en ese momento la harina, removiendo hasta formar una masa. Enharine y amáselo durante 3 o 4 minutos.

≈ Corte la mezcla en cuatro trozos iguales y enróllelos en círculos de 15 cm. Ponga una sartén antiadherente a fuego medio. Ponga una de las crêpes en la sartén y la otra sobre ésta. Cocínelas durante 3-4 minutos, dándoles la vuelta cuando las crêpes empiecen a enmarronarse. Cubra las crêpes ya hechas con un trapo limpio y repita la mezcla. Tápelo y sírvalo.

≈ Caliente el caldo para el relleno en un cazo y cocine las verduras, ajo y nuez moscada durante 7-8 minutos, removiendo bien. Escurra la mezcla bien.

≈ Mezcle 30 ml de la leche de la salsa para formar una pasta con la harina de maíz. Póngalo en una olla con la leche que queda, el caldo de verduras, condimentos, tomillo y la mitad del queso. Calentar la mezcla hasta hervir, removiendo hasta que se haga más espesa y consistente.

≈ Caliente el horno a 190 °C (375 °F, gas 5). Ponga una cucharada de las verduras en cada una de las crêpes y luego enróllelas. Póngalas en un plato no muy hondo y espolvoréelas con la salsa del queso y pimentón restante. Cocínelo en el horno durante 15 minutos hasta que se dore o se ponga marrón. Sírvase inmediatamente con ensalada.

HECHOS NUTRICIONALES	
Tamaño de servir 1 (267 g)	
Calorías 174	Calorías procedentes de grasas 27
	% Valor diario
Total de grasas 3 g	4%
Grasas saturadas 0 g	2%
Grasas monoinsaturadas 0,6 g	0%
Grasas poliinsaturadas 0,7 g	0%
Colesterol 1 mg	0%
Sodio 390 mg	16%
Total carbohidratos 32 g	11%
Fibra dietética 2 g	6%
Azúcares 4 g	0%
Proteínas 7 g	0%

El tanto por ciento del valor diario se basa en una dieta de 2.000 calorías.

PASTA CAPONATA

4 RACIONES

Caponata es un plato muy conocido de tomate y verduras, perfecto para servir caliente con una salsa baja en calorías. En esta receta se han utilizado penne secos, pero con cualquier pasta o fideos sabrá igual de bien.

1 berenjena grande

Sal

150 ml (¼ pint) de caldo de verduras

1 cebolla, partida por la mitad y a trozos

2 dientes de ajo chafados

475 ml (16 fl oz) de tomates triturados

30 ml (2 cucharadas) de vinagre de sidra

4 ramitas de apio chafadas

50 g (2 oz) de judías verdes

25 g (1 oz) de olivas verdes sin hueso partidas por la mitad

15 g (1 cucharada) de albahaca picada fresca

Pimienta negra molida

225 g (8 oz) de penne secos

Ramitas de albahaca para adornar

≈ Corte la berenjena en trozos y póngala en un colador. Salpíquela con sal y déjela durante 20 minutos. Lávela con agua fría y déjela secar. Cocine la berenjena en la parrilla durante 5 minutos hasta que se oscurezca.

≈ Mientras tanto, caliente el caldo en una olla y añada la cebolla y el ajo. Cocínelo durante 2 o 3 minutos hasta que se ablande. Vierta los tomates, vinagre, apio y judías.

Cocínelo durante 20 minutos a fuego rápido, removiendo alguna vez. Añada la berenjena, olivas y albahaca, sazone y vuelva a cocinarlo durante otros 10 minutos.

≈ Mientras tanto, haga los penne en abundante agua salada durante 8-10 minutos o hasta que se ablanden. Séquelos bien y mézclelos con la salsa. Póngalos en una fuente caliente, decórelos con albahaca y sírvalos.

HECHOS NUTRICIONALES	
Tamaño de servir 1 (342 g)	
Calorías 324	Calorías procedentes de grasas 27

	% Valor diario
Total de grasas 3 g	5%
Grasas saturadas 0 g	1%
Grasas monoinsaturadas 1,0 g	0%
Grasas poliinsaturadas 0,8 g	0%
Colesterol 0 mg	0%
Sodio 333 mg	14%
Total carbohidratos 64 g	21%
Fibra dietética 5 g	20%
Azúcares 6 g	0%
Proteínas 12 g	0%

El tanto por ciento del valor diario se basa en una dieta de 2.000 calorías.

PICADILLO DE CASTAÑAS

4 RACIONES

Cocine las patatas la noche antes o use restos de patatas ya cocinadas. Deje que las patatas se doren por la base de la olla para que tengan una textura más crujiente.

675 g (1½ lb) de patatas peladas y cortadas en dados

1 cebolla roja partida por la mitad y a trocitos

75 g (3 oz) de guisantes dulces

50 g (2 oz) de brócoli

1 calabacín a trozos

1 pimiento verde sin semillas y troceado

40 g (1½ oz) de maíz en lata

2 dientes de ajo picados

5 g (1 cucharadita) de pimentón

30 g (2 cucharadas) de perejil picado fresco

150 ml (¼ pint) de caldo de verduras

25 g (1 oz) de castañas cocidas, peladas y partidas a trozos

Pimienta negra molida

Ramitas de perejil para adornar

≈ Cocine las patatas en agua hirviendo durante 20 minutos o hasta que se ablanden.

≈ Escúrralas y resérvelas. Mientras tanto, cocine los demás ingredientes en una sartén durante 10 minutos, removiendo. Añada las patatas escurridas y cocínelas durante 15 minutos, removiéndolas y chafándolas con una cuchara. Sírvalas inmediatamente con pan crujiente.

HECHOS NUTRICIONALES	
Tamaño de servir 1 (396 g)	
Calorías 247	Calorías procedentes de grasas 9
	% Valor diario
Total de grasas 1 g	2%
Grasas saturadas 0 g	1%
Grasas monoinsaturadas 0,2 g	0%
Grasas poliinsaturadas 0,3 g	0%
Colesterol 0 mg	0%
Sodio 431 mg	18%
Total carbohidratos 55 g	18%
Fibra dietética 5 g	22%
Azúcares 8 g	0%
Proteínas 7 g	0%

El tanto por ciento del valor diario se basa en una dieta de 2.000 calorías.

CHAMPIÑONES RELLENOS DE BERENJENA

4 RACIONES

Prepare el puré de berenjena con antelación y déjelo en la nevera por lo menos un día.

1 berenjena

2 dientes de ajo picados

El jugo de una lima

1 vaso de harina de maíz

15 ml (1 cucharada) de puré de tomate

15 g (1 cucharada) de cilantro fresco picado

8 champiñones grandes pelados

25 g (1 oz) de queso rallado bajo en calorías

60 ml (4 cucharadas) de caldo de verduras

Ramitas de cilantro para adornar

≈ Caliente el horno a 220 °C (425 °F, gas 7). Corte la berenjena por la mitad y ponga la piel en un plato para hornear. Cocínela en el horno durante 30 minutos o hasta que se ablande. Saque la berenjena del horno y déjela que se enfríe. Quite los restos de piel de la berenjena y póngalos en la picadora con el ajo y el jugo de lima. Añada la harina de maíz a la picadora con el puré de tomate y el cilantro y píquelo durante 10 segundos para que se mezcle bien.

≈ Con una cuchara ponga el puré sobre los champiñones poniendo la mezcla abajo. Espolvoree el queso por encima y ponga los champiñones en un plato no muy hondo, que se pueda meter al horno. Ponga el caldo alrededor de los champiñones, tápelo y cocínelo en el horno durante 20 minutos. Quite la tapa y siga cocinándolo durante otros 5 minutos hasta que se dore la parte de encima.

≈ Saque los champiñones del horno y del plato con una cuchara. Sírvalo con una ensalada mixta y adórnelo con cilantro.

HECHOS NUTRICIONALES	
Tamaño de servir 1 (128 g)	
Calorías 161	Calorías procedentes de grasas 27

	% Valor diario
Total de grasas 3 g	5%
Grasas saturadas 1 g	3%
Grasas monoinsaturadas 1,4 g	0%
Grasas poliinsaturadas 0,7 g	0%
Colesterol 0 mg	0%
Sodio 389 mg	16%
Total carbohidratos 27 g	9%
Fibra dietética 3 g	12%
Azúcares 1 g	0%
Proteínas 6 g	0%

El tanto por ciento del valor diario se basa en una dieta de 2.000 calorías.

450 g (1 lb) de espinacas sin tallos

5 g (1 cucharadita) de jengibre molido

5 g (1 cucharadita) de curry

1 cebolla picada

425 g (15 oz) de zanahorias ralladas

2 dientes de ajo picados

60 ml (4 cucharadas) de caldo de verduras

4 claras de huevo

Tiras de calabacín para adornar

MOUSSE DE ESPINACAS Y ZANAHORIAS

8 RACIONES

Este es un plato sensacional que engaña por su simpleza. Es ideal para recibir invitados, ya que puede prepararse con antelación y guardarse en la nevera.

≈ Lave las espinacas y cocínelas a fuego lento en una olla, tapadas durante 5 minutos. Escúrralas bien hasta que no quede nada de agua y póngalas en una picadora con jengibre y curry durante 10 segundos. Ponga el puré en un cuenco de mezclar.

≈ Cocine la cebolla, zanahorias y ajo con el caldo durante 10 minutos o hasta que las zanahorias se ablanden. Póngalo todo en la picadora y píquelo durante 10 segundos. Páselo a un cuenco de mezclar aparte.

≈ Bata las claras de huevo y ponga la mitad de cada una en cada puré de verduras. Añada la mitad de la mezcla de zanahorias en un cazo que no se pegue de 900 g (2 lb), cúbralo con la mitad de la mezcla de las espinacas y repita una vez más. Tápelo y déjelo en una olla llena hasta la mitad de agua hirviendo.

≈ Caliente el horno a 180 °C (350 °F, gas 4). Cocine la moussé durante una hora y déjela que se enfríe para luego ponerla en la nevera. Póngala en una bandeja, decórela con tiras de calabacín alrededor de toda la base y sírvala.

CALZONE DE VERDURAS

4 RACIONES

Las calzone o masas de pizza son perfectas para rellenar con sus ingredientes favoritos. En esta receta la masa está ligeramente más dulce con miel añadida, pero se pueden añadir a la masa semillas o hierbas, o simplemente ajo para variar.

≈ Tamice la harina para la masa en un cuenco de mezclar grande. Añada la levadura y haga un agujero en el centro. Vierta la miel y el caldo de verduras todo junto para hacer una masa. Trabaje la masa hasta que se ponga suave y elástica. Póngala en un cuenco, tápelo y déjelo en un lugar cálido durante una hora.

≈ Mientras tanto, caliente el caldo en un cazo y eche los tomates, albahaca, ajo, puré de tomate, apio y puerro, y cocínelo durante 5 minutos removiendo.

≈ Divida la masa en cuatro trozos iguales. Enrolle cada uno en un círculo de 18 cm (7 in) de diámetro. Ponga igual cantidad de cucharadas del relleno en cada círculo. Espolvoréelo con queso. Ponga leche en los bordes y doble la masa para formar cuatro semicírculos. Arrugue las junturas, presionando para pasar la masa calzone a un recipiente de hornear antiadherente y pinte con leche.

≈ Caliente el horno a 220 °C (425 °F, gas 7). Cocine la calzone durante 30 minutos hasta que la masa suba y se dore. Servir con ensalada.

HECHOS NUTRICIONALES	
Tamaño de servir 1 (166 g)	
Calorías 49	Calorías procedentes de grasas 9

	% Valor diario
Total de grasas 1 g	1%
Grasas saturadas 0 g	0%
Grasas monoinsaturadas 0,0 g	0%
Grasas poliinsaturadas 0,1 g	0%
Colesterol 0 mg	0%
Sodio 208 mg	9%
Total carbohidratos 6 g	2%
Fibra dietética 3 g	13%
Azúcares 1 g	0%
Proteínas 7 g	0%

El tanto por ciento del valor diario se basa en una dieta de 2.000 calorías.

Calzone de verduras.

Para la masa

450 g (1 lb) de harina blanca

5 g (1 cucharadita) de levadura

15 ml (1 cucharadas) de miel

300 ml (½ pint) de caldo de verduras

Leche desnatada para glasear

Para el relleno

125 ml (4 fl oz) de caldo de verduras

40 g (1½ oz) de tomates secos picados

30 g (2 cucharadas) de albahaca fresca picada

2 dientes de ajos picados

30 ml (2 cucharadas) de puré de tomate

1 barrita de apio troceada

1 puerro troceado

25 g (1 oz) de queso rallado bajo en calorías

HECHOS NUTRICIONALES	
Tamaño de servir 1 (332 g)	
Calorías 584	Calorías procedentes de grasas 45
	% Valor diario
Total de grasas 5 g	8%
Grasas saturadas 0 g	2%
Grasas monoinsaturadas 0,4 g	0%
Grasas poliinsaturadas 0,5 g	0%
Colesterol 0 mg	0%
Sodio 653 mg	27%
Total carbohidratos 114 g	38%
Fibra dietética 3 g	13%
Azúcares 9 g	0%
Proteínas 25 g	0%

El tanto por ciento del valor diario se basa en una dieta de 2.000 calorías.

RELLENO DE HOJAS DE LECHUGA

4 RACIONES

Coloque al horno estas pequeñas hojas de lechuga empaquetadas con verduras picantes y arroz relleno con una salsa de tomate para que sea una comida entera por sí misma. Haga el relleno y la salsa por adelantado y deje el plato hasta justo antes de necesitarlo. Esta receta podría ser para ocho como aperitivo, con tan sólo una hoja por persona.

300 ml (½ pint) de caldo de verduras

1 cebolla roja picada

2 dientes de ajo, picados

65 g (2½ oz) de champiñones picados

50 g (2 oz) de arroz integral

50 g (1 cucharadita) de curry

8 hojas de lechuga tipo iceberg

Para la salsa

475 ml (16 fl oz) passata

5 ml (1 cucharadita) de salsa soja ligera

2,5 ml (½ cucharadita) de salsa de chile

15 g (1 cucharadita) de albahaca picada fresca

5 g (1 cucharadita) de azúcar moreno ligero

Pimienta negra molida

≈ Caliente 75 ml (5 cucharadas) de caldo de verduras en una olla, añada la cebolla y el ajo y cocine durante 3 o 4 minutos hasta que la cebolla empiece a ablandarse. Vierta los champiñones, arroz, maíz curry y caldo restante y caliéntelo hasta que empiece a hervir, durante 30 o 40 minutos a fuego lento hasta que el arroz esté cocinado y el líquido se haya absorbido.

≈ Mientras tanto, mezcle todos los ingredientes de la salsa en un cazo y caliéntelo hasta que empiece a hervir. Reduzca el fuego, tape la olla y remueva durante 10 minutos.

≈ Caliente el horno a 180 °C (350 °F, gas 4). Ponga las hojas de lechuga en un tablero y reparta igual cantidad de cucharadas del relleno de arroz por su centro. Envuelva las hojas alrededor del relleno y póngalas boca abajo en un plato resistente al horno. Eche la salsa con una cuchara por encima de las hojas y cocínela en el horno 10 minutos. Sírvalo inmediatamente.

HECHOS NUTRICIONALES	
Tamaño de servir 1 (288 g)	
Calorías 87	Calorías procedentes de grasas 9
	% Valor diario
Total de grasas 1 g	1%
Grasas saturadas 0 g	0%
Grasas monoinsaturadas 0,1 g	0%
Grasas poliinsaturadas 0,2 g	0%
Colesterol 0 mg	0%
Sodio 771 mg	32%
Total carbohidratos 19 g	6%
Fibra dietética 2 g	6%
Azúcares 6 g	0%
Proteínas 3 g	0%

El tanto por ciento del valor diario se basa en una dieta de 2.000 calorías.

FRITO DE JUDÍAS Y ESPÁRRAGOS

4 RACIONES

Las judías verdes frescas y los espárragos tiernos se complementan en esta receta con miel y el jugo de una lima. Use cualquier variedad de judías verdes para hacer un plato delicioso.

≈ Corte las judías en 2,5 cm (1 in) y mézclelas con los espárragos.

≈ Caliente el caldo en un cazo grande y añada las verduras, miel, jugo de lima, pimiento, ajo, semillas de hinojo y mostaza. Cocine, remueva durante 7 u 8 minutos hasta que las verduras estén cocinadas. Vierta el queso y el perejil y sirva inmediatamente.

Frito de judías verdes y espárragos.

225 g (8 oz) de judías verdes frescas

225 g (8 oz) de espárragos

75 g (3 oz) de habas desvainadas

125 ml (4 fl oz) de caldo de verduras

30 ml (2 cucharadas) de miel

15 ml (1 cucharada) de lima

Pimienta negra molida

3 dientes de ajo, picados

5 g (1 cucharadita) de semillas de
    hinojo

5 ml (1 cucharadita) de mostaza

25 g (1 oz) de queso rallado bajo en
    calorías

30 g (2 cucharadas) de perejil fresco
    picado

HECHOS NUTRICIONALES	
Tamaño de servir 1 (196 g)	
Calorías 295	Calorías procedentes de grasas 27

	% Valor diario
Total de grasas 3 g	5%
Grasas saturadas 0 g	3%
Grasas monoinsaturadas 1,0 g	0%
Grasas poliinsaturadas 1,0 g	0%
Colesterol 0 mg	0%
Sodio 509 mg	21%
Total carbohidratos 53 g	18%
Fibra dietética 10 g	39%
Azúcares 12 g	0%
Proteínas 18 g	0%

El tanto por ciento del valor diario se basa en una dieta de 2.000 calorías.

PANECILLOS DE BERENJENA CON AJO

8 RACIONES

Esto quizá necesite una pequeña preparación, pero el esfuerzo merece la pena. Cocinar el ajo con su piel le quita el sabor tan fuerte que tiene y produce un puré suave de ajo. Se puede cocinar con antelación con la berenjena, dejándola en un lugar templado para hacer los bocadillos.

8 dientes de ajo

1 berenjena a trozos

15 ml (1 oz) de aceite de girasol

25 g (1 oz) de tomates secos, rehidratados y cortados en juliana

30 g (2 cucharadas) de hojas de albahaca

4 hojas de lechuga

4 chapatas o pan crujiente

≈ Caliente el horno a 200 °C (400 °F, gas 6). Ponga el ajo y los trozos de berenjena en un molde antiadherente y cocínelos al horno durante 30 minutos, hasta que se ablanden. Sáquelos del horno y deje que se enfríen.

≈ Estruje el puré de ajo y guárdelo. Mezcle los tomates, albahaca y hojas de lechuga todo junto. Caliente los panes en el horno a temperatura media durante 2 o 3 minutos y pártalos por la mitad. Extienda el puré de ajo en cada una de las chapatas y ponga encima los trozos de berenjena. Añada la mezcla de los tomates sobre cada una de las mitades y sírvalo caliente.

HECHOS NUTRICIONALES

Tamaño de servir 1 (83 g)

Calorías 132 — Calorías procedentes de grasas 27

	% Valor diario
Total de grasas 3 g	5%
Grasas saturadas 0 g	2%
Grasas monoinsaturadas 1,3 g	0%
Grasas poliinsaturadas 0,2 g	0%
Colesterol 0 mg	0%
Sodio 166 mg	7%
Total carbohidratos 23 g	8%
Fibra dietética 1 g	5%
Azúcares 0 g	0%
Proteínas 4 g	0%

El tanto por ciento del valor diario se basa en una dieta de 2.000 calorías.

FIDEOS CHINOS

4 RACIONES

Este plato es realmente rápido y fácil de preparar para una comida o cena rápida. Use fideos de huevo o arroz para darle el sabor chino, o cintas de pasta si se prefiere, pero éstas requieren ser cocinadas durante 8-10 minutos.

225 g (8 oz) de fideos de huevo o arroz

75 ml (3 fl oz) de caldo de verduras

2 dientes de ajo molidos

1 cebolla roja partida por la mitad

2,5 cm (1 in) de jengibre rallado

1 chile rojo picado

2 zanahorias cortadas a tiras

50 g (2 oz) de guisantes dulces

1 calabacín a trozos

1 apio troceado

5 g (1 cucharadita) de curry

45 ml (3 cucharadas) de salsa oscura de soja

45 ml (3 cucharadas) de salsa de ciruela

5 g (1 cucharadita) de semillas de hinojo

Perejil fresco picado u hojas de hinojo para adornar

≈ Cocine los fideos en agua hirviendo durante 3 minutos. Escúrralos y guárdelos. Mientras tanto, caliente el caldo en una sartén y cocine las verduras durante 3 o 4 minutos, removiendo constantemente.

≈ Añada los fideos escurridos a la sartén con la soja, la salsa de ciruelas y las semillas de hinojo. Cocínelos durante 2 o 3 minutos, removiendo bien, y sírvalos adornados con perejil u hojas de hinojo.

HECHOS NUTRICIONALES		
Tamaño de servir 1 (265 g)		
Calorías 139	Calorías procedentes de grasas 9	
		% Valor diario
Total de grasas 1 g		1%
Grasas saturadas 0 g		1%
Grasas monoinsaturadas 0,2 g		0%
Grasas poliinsaturadas 0,1 g		0%
Colesterol 0 mg		0%
Sodio 1.004 mg		42%
Total carbohidratos 31 g		10%
Fibra dietética 4 g		14%
Azúcares 9 g		0%
Proteínas 4 g		0%

El tanto por ciento del valor diario se basa en una dieta de 2.000 calorías.

Platos y pucheros de verduras clásicos

Lasaña de verduras

Tarta de tofú y verduras

Chili mezclado con judías

Tartaleta de verduras

Pasta rellena

Cazuela de arroz con lentejas

Garbanzos picantes

Cazuela de verduras de invierno

Tarta de pimientos asados

Timbal de pasta

Arroz con azafrán y verduras

Pilaff de verduras

Risotto de verduras

Chop suey de verduras

Hamburguesas de tofú y patatas fritas

LASAÑA DE VERDURAS

4 RACIONES

Versión baja en calorías de un plato tradicional en el que se usa una mezcla de verduras de todos los colores en lugar de la carne. Sírvala con ensalada.

≈ Trocee la berenjena y póngala en un colador. Sálela y déjela reposar durante 30 minutos. Lávela y déjela secar.

≈ Ponga los tomates, el ajo, la albahaca, el calabacín, la cebolla, el pimiento, los champiñones y el chile en una olla. Añada la berenjena y cocínelo durante 30 minutos, removiendo ocasionalmente hasta que las verduras estén hechas.

≈ Mezcle el caldo para la salsa, la leche, la mitad del queso y la mostaza en una olla. Vierta la harina de maíz con 60 ml (4 cucharadas)

de agua fría para formar una pasta y añádala a la olla. Caliéntelo hasta que empiece a hervir, removiendo para que espese.

≈ Ponga una cucharada de esta mezcla de verduras en la base de una fuente. Ponga la mitad de la lasaña arriba para cubrir. Con la cuchara, vierta la mezcla restante y cúbrala con la lasaña restante. Vierta la salsa de queso por encima y cocine a 190 °C (375 °F, gas 5) durante 40 minutos o hasta que estén doradas. Esparza la albahaca por encima y sírvala.

Ingredientes

1 berenjena pequeña

Sal

450 g (16 oz) de tomates triturados

2 dientes de ajo picados

15 g (1 cucharada) de albahaca
   picada

1 calabacín grande sin semillas y
   picado

1 cebolla picada

1 pimiento verde sin semillas y
   picado

65 g (2½ oz) de champiñones
   troceados

5 g (1 cucharadita) de chile

Pimienta negra molida

115 g (4 oz) de lasaña verde
   (variedad no precocinada)

Para la salsa

150 ml (¼ pint) de caldo de verduras

300 ml (½ pint) de leche desnatada

50 g (2 oz) de queso rallado bajo en
   calorías

5 ml (1 cucharadita) de mostaza

30 g (2 cucharadas) de harina de maíz

15 g (1 cucharada) de albahaca
   fresca picada

HECHOS NUTRICIONALES		
Tamaño de servir 1 (401 g)		
Calorías 264	Calorías procedentes de grasas 45	
		% Valor diario
Total de grasas 5 g		7%
Grasas saturadas 0 g		2%
Grasas monoinsaturadas 1,7 g		0%
Grasas poliinsaturadas 0,9 g		0%
Colesterol 1 mg		0%
Sodio 306 mg		13%
Total carbohidratos 45 g		15%
Fibra dietética 5 g		19%
Azúcares 10 g		0%
Proteínas 13 g		0%

El tanto por ciento del valor diario se basa en una dieta de 2.000 calorías.

TARTA DE TOFÚ Y VERDURAS

8 RACIONES

En esta receta, el tofú (requesón de soja) es cortado a dados y añadido a la tarta. Si le gusta, use tofú marinado para conseguir más sabor, y úselo de la misma forma.

≈ Ponga todas las verduras y el tofú en una sartén antiadherente y saltéelos durante 3-5 minutos, removiendo. Añada el caldo de verduras y el cilantro, sazone y cocínelo hasta que las verduras estén tiernas. Remueva la harina de maíz con 30 ml (2 cucharadas) de agua fría hasta formar una pasta, añádala a la mezcla y hierva hasta que esté espesa.

≈ Ponga la mezcla en una fuente de tartas apta para el horno. Deje una lámina de pasta encima de todo y extienda grasa fundida. Corte la pasta restante en tiras y déjelas encima de la mezcla, doblándola para crear un efecto de rizo. Esparza la grasa restante por encima de la masa y cocine la tarta en el horno durante 20 minutos a 200 °C (400 °F, gas 6) hasta que se dore.

Tarta de tofú y verduras.

4 hojas de pasta filo

15 ml (1 cucharada) de
poliinsaturados bajos en calorías

Para el relleno

1 puerro a trozos

2 zanahorias troceadas

2 dientes de ajo machacados

115 g (4 oz) de coliflor

115 g (4 oz) de judías partidas por la
mitad

2 barritas de apio troceadas

225 g (8 oz) de requesón de soja
(tofú)

300 ml (½ pint) de caldo de verduras

30 g (2 cucharadas) de cilantro
fresco picado

Pimienta negra molida

15 g (1 cucharada) de harina de maíz

HECHOS NUTRICIONALES	
Tamaño de servir 1 (152 g)	
Calorías 130	Calorías procedentes de grasas 27

	% Valor diario
Total de grasas 3 g	4%
Grasas saturadas 0 g	2%
Grasas monoinsaturadas 0,6 g	0%
Grasas poliinsaturadas 1,3 g	0%
Colesterol 0 mg	0%
Sodio 257 mg	11%
Total carbohidratos 21 g	7%
Fibra dietética 1 g	5%
Azúcares 3 g	0%
Proteínas 7 g	0%

El tanto por ciento del valor diario se basa en una dieta de 2.000 calorías.

CHILI MEZCLADO CON JUDÍAS

4 RACIONES

*E l chili con carne siempre ha sido uno de los platos calientes favoritos
y en esta receta sin «carne» no es una excepción. Servido con verduras y judías,
es un plato satisfactorio.*

450 g (16 oz) de judías en lata

400 g (14 oz) de tomates triturados

15 ml (1 cucharada) de puré de
tomate

1 cebolla partida por la mitad y
troceada

150 g (5 oz) de patatas cortadas en
dados

1 pimiento verde sin semillas y
picado

150 g (5 oz) de mazorca partida por
la mitad

2 chiles verdes (sin semillas y
troceados)

5 g (1 cucharadita) de chile en polvo

2 dientes de ajo

150 ml (¼ pint) de caldo de verduras

Perejil fresco picado para adornar

HECHOS NUTRICIONALES	
Tamaño de servir 1 (351 g)	
Calorías 178	Calorías procedentes de grasas 9

	% Valor diario
Total de grasas 1 g	2%
Grasas saturadas 0 g	1%
Grasas monoinsaturadas 0,2 g	0%
Grasas poliinsaturadas 0,3 g	0%
Colesterol 0 mg	0%
Sodio 808 mg	34%
Total carbohidratos 36 g	12%
Fibra dietética 7 g	30%
Azúcares 5 g	0%
Proteínas 8 g	0%

*El tanto por ciento del valor diario se basa en
una dieta de 2.000 calorías.*

≈ Ponga todos los ingredientes, excepto la guarnición, en una olla grande y caliéntelo hasta que empiece a hervir. Reduzca el fuego y cuézalo a fuego lento durante 45 minutos con la olla tapada, hasta que todas las verduras estén cocinadas y los jugos hayan espesado. Remueva el chili ocasionalmente mientras lo cocina.

≈ Adórnelo con perejil y sírvalo con arroz integral o patatas cocidas.

TARTALETA DE VERDURAS

4 RACIONES

Esta tartaleta se prepara con una pasta baja en calorías hecha con mostaza. Aunque no es muy tradicional, caliente y rellena de verduras y queso bajo en calorías está deliciosa.

Para la pasta

115 g (4 oz) de harina

30 ml (2 cucharadas) de leche desnatada

75 g (15 cucharaditas) de harina de maíz

5 g (1 cucharadita) de mostaza

Para el relleno

1 apio a trozos

50 g (2 oz) de champiñones troceados

2 mazorcas pequeñas troceadas

1 puerro a trozos

2 dientes de ajo machacados

8 espárragos trigueros

125 ml (4 fl oz) de caldo de verduras

115 g (4 oz) de queso bajo en calorías

150 ml (¼ pint) de leche desnatada

1 clara de huevo batida

≈ Caliente el horno a 200 °C (400 °F, gas 6). Mezcle los ingredientes de la pasta en un cuenco y añada agua suficiente para formar una masa. Enrolle la pasta con harina y póngala en un molde de 20 cm (8 in).

≈ Cocine las verduras en el caldo durante 5 minutos, removiendo. Sáquelas de la olla, escúrralas y póngalas en un cuenco. Añada el queso, la leche y la clara de huevo. Ponga la mezcla en el molde y cocínelo durante 40 minutos o hasta que se dore. Sírvalo con una ensalada.

HECHOS NUTRICIONALES	
Tamaño de servir 1 (256 g)	
Calorías 207	Calorías procedentes de grasas 18

	% Valor diario
Total de grasas 2 g	3%
Grasas saturadas 0 g	2%
Grasas monoinsaturadas 0,2 g	0%
Grasas poliinsaturadas 0,3 g	0%
Colesterol 2 mg	1%
Sodio 506 mg	21%
Total carbohidratos 37 g	12%
Fibra dietética 2 g	7%
Azúcares 6 g	0%
Proteínas 12 g	0%

El tanto por ciento del valor diario se basa en una dieta de 2.000 calorías.

PASTA RELLENA

4 RACIONES

La pasta rellena es ideal para servir con una salsa. Rápida de cocinar, tiene un aspecto fabuloso y es ideal para recibir.

16 moldes de pasta

Para la salsa

450 g (16 oz) de tomates de lata triturados

2 dientes de ajo, chafados

15 ml (1 cucharada) de perejil picado fresco

1 cebolla picada

30 ml (2 cucharadas) de puré de tomate

Pimienta negra molida

Para el relleno

60 ml (4 cucharadas) de caldo de verduras

1 calabacín partido en dados

40 g (1½ oz) de maíz congelado o en lata

1 pimiento verde sin semillas y partido a dados

50 g (2 oz) de champiñones partidos

1 puerro troceado

2 dientes de ajo picados

15 g (1 cucharada) de hierbas mixtas frescas y picadas

Ramitas de albahaca para adornar

≈ Ponga los ingredientes de la salsa en una olla y caliéntela hasta que empiece a hervir; tápela y déjela a fuego lento durante 10 minutos. Traspasar a una picadora y píquelos durante 10 segundos. Ponga otra vez la salsa en la olla y caliéntela.

≈ Mientras tanto, ponga los ingredientes del relleno, excepto las hierbas, en una cazuela y cocínelos durante 10 minutos a fuego lento hasta que las verduras estén tiernas. Vierta las hierbas y sazone.

≈ Cocine la pasta en abundante agua salada durante 8-10 minutos hasta que esté tierna y escúrrala bien. Ponga el relleno de verduras en los moldes de pasta y sírvalos en platos. Eche la salsa por encima de los moldes de pasta, adorne con albahaca y sirva.

CAZUELA DE ARROZ CON LENTEJAS

4 RACIONES

Este plato es perfecto en un día de frío, además está indicado para el corazón. Para comprobar que el arroz esté hecho, mire el final del grano para asegurarse que está roto; si no es así, cocínelo un poco más hasta que esté bien hecho.

≈ Cocine las lentejas y el arroz en caldo de verduras, en una cacerola durante 20 minutos, removiendo de vez en cuando.

≈ Añada cebolla, ajo, tomates, especias, champiñones, pimienta, brócoli y maíz. Caliente la mezcla hasta que empiece a hervir, reduzca el fuego y cocínelo durante otros 15 minutos hasta que el arroz y las lentejas estén hechos. Añada el cilantro picado, adorne y sirva con pan crujiente.

HECHOS NUTRICIONALES	
Tamaño de servir 1 (251 g)	
Calorías 82	Calorías procedentes de grasas 9
	% Valor diario
Total de grasas 1 g	2%
Grasas saturadas 0 g	1%
Grasas monoinsaturadas 0,19 g	0%
Grasas poliinsaturadas 0,3 g	0%
Colesterol 0 mg	0%
Sodio 461 mg	19%
Total carbohidratos 18 g	6%
Fibra dietética 3 g	13%
Azúcares 7 g	0%
Proteínas 3 g	0%

El tanto por ciento del valor diario se basa en una dieta de 2.000 calorías.

Cazuela de arroz con lentejas.

200 g (7 oz) de lentejas rojas

50 g (2 oz) de arroz

1 litro (1¾ pints) de caldo de verduras

1 cebolla roja cortada en ocho trozos

2 dientes de ajo picados

400 g (14 oz) de tomates triturados de lata

5 g (1 cucharadita) de cilantro molido

5 g (1 cucharadita) de comino molido

5 g (1 cucharadita) de chile en polvo

Sal y pimienta negra molida

200 g (/ oz) de champiñones troceados

1 pimiento verde, sin semillas y a trozos

75 g (3 oz) de brócoli

150 g (5 oz) de mazorca partida por la mitad

15 g (1 cucharada) de cilantro fresco picado

Ramitas de cilantro para adornar

HECHOS NUTRICIONALES	
Tamaño de servir 1 (593 g)	
Calorías 242	Calorías procedentes de grasas 27

	% Valor diario
Total de grasas 3 g	4%
Grasas saturadas 0 g	1%
Grasas monoinsaturadas 0,2 g	0%
Grasas poliinsaturadas 0,5 g	0%
Colesterol 0 mg	0%
Sodio 1.384 mg	58%
Total carbohidratos 43 g	14%
Fibra dietética 16 g	66%
Azúcares 7 g	0%
Proteínas 18 g	0%

El tanto por ciento del valor diario se basa en una dieta de 2.000 calorías.

GARBANZOS PICANTES

4 RACIONES

Los garbanzos son una gran fuente de carbohidratos y son muy importantes en las dietas vegetarianas. Aquí están hechos a fuego lento con una salsa de tomate picante y están deliciosos si se sirven con arroz integral.

200 g (7 oz) de garbanzos

5 g (1 cucharadita) de bicarbonato sódico

1 cebolla partida por la mitad y troceada

2,5 cm (1 in) de raíces de jengibre ralladas

4 tomates triturados

1 chile verde picado

5 g (1 cucharadita) de curry

2,5 g (½ cucharadita) de chile en polvo

5 g de cilantro molido

300 ml (½ pint) de caldo de verduras

Cilantro fresco picado para adornar

HECHOS NUTRICIONALES	
Tamaño de servir 1 (274 g)	
Calorías 250	Calorías procedentes de grasas 36
	% Valor diario
Total de grasas 4 g	6%
Grasas saturadas 1 g	5%
Grasas monoinsaturadas 1,4 g	0%
Grasas poliinsaturadas 0,9 g	0%
Colesterol 4 mg	1%
Sodio 709 mg	30%
Total carbohidratos 42 g	14%
Fibra dietética 4 g	15%
Azúcares 7 g	0%
Proteínas 14 g	0%

El tanto por ciento del valor diario se basa en una dieta de 2.000 calorías.

≈ Ponga los garbanzos en un cuenco grande con el bicarbonato sódico y suficiente agua para cubrirlos. Escúrralos y tápelos con agua fresca en una olla. Cocinar a fuego lento durante una hora o hasta que se cuezan.

≈ Escúrralos y póngalos en una sartén antiadherente con los ingredientes restantes. Tápelos y póngalos a fuego lento durante 20 minutos, removiendo ocasionalmente. Adorne con cilantro y sírvalos acompañados de arroz integral.

CAZUELA DE VERDURAS DE INVIERNO

4 RACIONES

Esta receta mezcla verduras de invierno, pero use cualquier verdura que tenga a mano, ya que todas sirven para mezclar. La coliflor ayuda a que la salsa se espese, por eso es conveniente incluirla en esta receta.

2 patatas grandes a trozos

900 ml (1½ pint) de caldo de verduras

2 zanahorias cortadas a pedazos

1 cebolla partida

2 chirivías sin el corazón y troceadas

1 puerro troceado

2 barritas de apio troceadas

175 g (6 oz) de coliflor

Sal y pimienta negra molida

5 g (1 cucharadita) de pimentón

30 g (2 cucharadas) de hierbas frescas picadas

25 g (1 oz) de queso rallado bajo en calorías

≈ Cocine las patatas en agua hirviendo durante 10 minutos. Escúrralas bien y guarde el líquido. Mientras tanto, caliente 300 ml (½ pint) del caldo en una cazuela. Añada las verduras y el caldo restante, sazonando, y el pimentón. Cocine durante 15 minutos removiendo ocasionalmente. Añada las hierbas y siga sazonando.

≈ Deje los trozos de patatas encima de la mezcla de verduras y esparza el queso por encima. Cocínelo en el horno a 190 °C (375 °F, gas 5) durante 30 minutos o hasta que se dore y se haya fundido el queso. Sírvalo con ensalada.

HECHOS NUTRICIONALES	
Tamaño de servir 1 (479 g)	
Calorías 180	Calorías procedentes de grasas 27

	% Valor diario
Total de grasas 3 g	5%
Grasas saturadas 0 g	1%
Grasas monoinsaturadas 0,8 g	0%
Grasas poliinsaturadas 0,5 g	0%
Colesterol 0 mg	0%
Sodio 1.520 mg	63%
Total carbohidratos 35 g	12%
Fibra dietética 5 g	22%
Azúcares 9 g	0%
Proteínas 8 g	0%

El tanto por ciento del valor diario se basa en una dieta de 2.000 calorías.

TARTA DE PIMIENTOS ASADOS

8 RACIONES

Este plato entra tanto por la vista como por el paladar. Una mezcla de pimientos asados con salsa de queso servido en una cobertura de pasta. Para una cena de fiesta, haga coberturas de pasta individuales y sirva las tartas con una ensalada.

225 g (8 oz) de pasta filo

225 g (8 oz) de margarina derretida

Para el relleno

2 pimientos rojos sin semillas y partidos por la mitad

2 pimientos verdes sin semillas y partidos por la mitad

2 dientes de ajo picados

Para la salsa

300 ml (½ pint) de leche desnatada

25 g (1 oz) de queso rallado bajo en calorías

30 g (2 cucharadas) de harina de maíz

50 ml (4 fl oz) de caldo de verduras

15 g (1 cucharada) de cebolletas picadas frescas

15 g (1 cucharada) de albahaca fresca picada

1 diente de ajo picado

5 ml (1 cucharadita) de mostaza granulada

Albahaca y cebolletas para adornar

HECHOS NUTRICIONALES	
Tamaño de servir 1 (150 g)	
Calorías 150	Calorías procedentes de grasas 36
	% Valor diario
Total de grasas 4 g	5%
Grasas saturadas 1 g	3%
Grasas monoinsaturadas 1,4 g	0%
Grasas poliinsaturadas 1,5 g	0%
Colesterol 1 mg	0%
Sodio 235 mg	10%
Total carbohidratos 23 g	8%
Fibra dietética 1 g	12%
Azúcares 2 g	0%
Proteínas 5 g	0%

El tanto por ciento del valor diario se basa en una dieta de 2.000 calorías.

≈ Ponga dos hojas de pasta filo en un molde de pastel, dejando que la pasta sobresalga un poco por los lados. Úntelo con margarina y ponga otras dos hojas encima y a los lados. Úntelo con margarina y continúe de esta forma hasta usar toda la pasta. Caliente el horno a 200 °C (400 °F, gas 6) y cocine la pasta durante 15 minutos o hasta que esté dorada y crujiente.

≈ Mientras tanto, deje los pimientos en una bandeja apta para el horno. Esparza el ajo por encima y alrededor de los pimientos y cocínelo en el horno durante 20 minutos. Deje que se enfríen y quíteles la piel. Corte los pimientos en tiras y póngalos en las hojas de masa de pasta.

≈ Caliente la leche para la salsa en una olla, añada el queso y remueva hasta que se derrita. Vierta la harina de maíz con cuatro cucharadas de agua fría y remueva en la salsa hasta formar una pasta. Caliéntelo hasta hervir, removiendo hasta que espese, y añada los ingredientes con el caldo. Con una cuchara, ponga la salsa por encima de los pimientos, adorne con la albahaca y las cebolletas y sírvalo.

TIMBAL DE PASTA

8 RACIONES

Realmente, ésta es una forma diferente de servir la pasta con calabacín, en un molde que se debe poner al horno hasta el momento de servir con salsa de tomate.

≈ Corte los calabacines en tiras con un pelador de verduras y póngalas en agua hirviendo durante 2-3 minutos. Pase los calabacines por agua fría y luego échelos a un cuenco también con agua fría y tápelos hasta que se necesiten.

≈ Cocine la pasta en abundante agua salada durante 8-10 minutos, hasta que esté tierna. Escúrrala bien y resérvela.

≈ Caliente el caldo en una olla y cocine las cebollas, ajo, zanahoria, maíz y pimiento durante 5 minutos. Vierta la pasta, el queso, los tomates, los huevos y el orégano, y sazónelo bien cocinándolo durante 3 minutos, removiéndolo de vez en cuando.

≈ En un molde alargado o circular de 1,2 litros (2 pint) coloque las tiras de calaba-

cín, cubriendo la base y los lados, y permitiendo que las tiras cuelguen por ambos lados. Ponga una cucharada de la mezcla resultante sobre la pasta dentro del molde y cubra las tiras del calabacín y la pasta.

≈ Deje el molde en un recipiente medio lleno de agua hirviendo, tápelo y cocínelo en el horno a 180 °C (350 °F, gas 4) durante 30-40 minutos.

≈ Mientras tanto, ponga los ingredientes de la salsa en una olla y caliéntelo hasta que empiece a hervir, reduzca el fuego y cocínelo durante 10 minutos. Cuele la salsa, póngala en una olla limpia y caliente a fuego suave.

≈ Saque la bandeja de la pasta del horno y con cuidado desmolde en una bandeja.

≈ Sírvalo con salsa de tomate.

2 calabacines

115 g (4 oz) de pasta, macarrones o penne

90 ml (6 cucharadas) de caldo de verduras

2 cebollas picadas

2 dientes de ajo chafados

1 zanahoria picada

30 g (2 cucharadas) de maíz en lata

1 pimiento verde sin semillas y troceado

25 g (1 oz) de queso rallado bajo en calorías

450 g (16 oz) de tomates de lata triturados

2 huevos batidos

30 g (2 cucharadas) de orégano fresco picado

Para la salsa

1 cebolla picada

450 g (1 lb) de tomates chafados

10 g (2 cucharaditas) de azúcar granulado

30 ml (2 cucharadas) de puré de tomate

175 ml (6 fl oz) de caldo de verduras

HECHOS NUTRICIONALES	
Tamaño de servir 1 (219 g)	
Calorías 100	Calorías procedentes de grasas 27
	% Valor diario
Total de grasas 3 g	5%
Grasas saturadas 1 g	3%
Grasas monoinsaturadas 0,9 g	0%
Grasas poliinsaturadas 0,4 g	0%
Colesterol 58 mg	19%
Sodio 451 mg	19%
Total carbohidratos 14 g	5%
Fibra dietética 2 g	9%
Azúcares 3 g	0%
Proteínas 6 g	0%

El tanto por ciento del valor diario se basa en una dieta de 2.000 calorías.

ARROZ CON AZAFRÁN Y VERDURAS

4 RACIONES

El arroz basmati crece en los montes del Himalaya. Es un arroz alargado y muy fino, y uno de los mejores para acompañar platos picantes como esta receta.

Para el arroz

600 ml (1 pint) de caldo de verduras

2 dientes de ajo picados

1 cebolla partida

200 g (7 oz) de arroz basmati

Algunas hebras de azafrán

50 g (2 oz) de guisantes congelados

4 vainas de cardamomo

3 clavos

1 hoja de laurel

5 g (1 cucharadita) de curry

Para las verduras

300 ml (½ pint) de caldo de verduras

1 cebolla cortada en ocho trozos

3 dientes de ajo

4 tomates picados

2 calabacines troceados

1 patata cortada en dados

50 g (2 oz) de judías partidas por la mitad

5 g (1 cucharadita) de curry

5 g (1 cucharadita) de comino molido

5 g (1 cucharadita) de cilantro

5 g (1 cucharadita) de semillas de hinojo

150 ml (¼ pint) de yogur natural bajo en calorías

≈ Caliente la mitad del caldo para el arroz en una olla y añada el ajo, la cebolla, el arroz y el azafrán. Cocínelo durante 4 minutos, removiendo. Añada los ingredientes restantes para el arroz y caliéntelo hasta que empiece a hervir. A fuego lento, cocínelo durante 20-30 minutos.

≈ Mientras tanto, ponga todos los ingredientes de las verduras, excepto el yogur, en una olla grande y cocínelos durante 20 minutos, removiendo de vez en cuando hasta que estén tiernos. Sáquelos del fuego y vierta el yogur. Sírvase con arroz picante y pan.

PILAFF DE VERDURAS

4 RACIONES

Un pilaff es un arroz especiado y esponjoso. Esta receta necesita verduras crujientes, castañas, pasas y azafrán para darle el color dorado. Si no tiene azafrán a mano, use un pellizco de cúrcuma en su lugar.

≈ Caliente el aceite en una sartén y añada la cebolla y el arroz. Cocine durante 3-4 minutos y remueva. Añada los ingredientes restantes y caliente la mezcla hasta que empiece a hervir. Reduzca el fuego y cocínelo durante otros 30 minutos, removiendo de vez en cuando hasta que el arroz esté hecho y el líquido se haya absorbido.

≈ Mezcle todos los ingredientes de la salsa y sírvalos junto con el pilaff y un poco de ensalada.

HECHOS NUTRICIONALES	
Tamaño de servir 1 (710 g)	
Calorías 521	Calorías procedentes de grasas 63
	% Valor diario
Total de grasas 7 g	10%
Grasas saturadas 0 g	2%
Grasas monoinsaturadas 0,3 g	0%
Grasas poliinsaturadas 0,4 g	0%
Colesterol 2 mg	1%
Sodio 1.053 mg	44%
Total carbohidratos 109 g	36%
Fibra dietética 15 g	60%
Azúcares 14 g	0%
Proteínas 14 g	0%

El tanto por ciento del valor diario se basa en una dieta de 2.000 calorías.

Pilaff de verduras.

30 ml (2 cucharadas) de aceite de girasol

1 cebolla roja picada

150 g (5 oz) de arroz basmati

Una pizca de azafrán

40 g (1½ oz) de maíz

1 pimiento rojo sin semillas y cortado

5 g (1 cucharadita) de curry

5 g (1 cucharadita) de chile en polvo

1 chile verde, sin semillas y picado

115 g (4 oz) de brócoli

600 ml (1 pint) de caldo de verduras

115 g (4 oz) de castañas peladas y partidas por la mitad

50 g (2 oz) de pasas

Para la salsa

150 ml (¼ pint) de yogur natural bajo en calorías

30 g (2 cucharadas) de menta fresca picada

Un pellizco de pimienta de cayena

HECHOS **NUTRICIONALES**	
Tamaño de servir 1 (390 g)	
Calorías 379	Calorías procedentes de grasas 90
	% Valor diario
Total de grasas 10 g	15%
Grasas saturadas 1 g	6%
Grasas monoinsaturadas 3,4 g	0%
Grasas poliinsaturadas 3,0 g	0%
Colesterol 2 mg	1%
Sodio 781 mg	33%
Total carbohidratos 69 g	23%
Fibra dietética 5 g	20%
Azúcares 21 g	0%
Proteínas 9 g	0%

El tanto por ciento del valor diario se basa en una dieta de 2.000 calorías.

RISOTTO DE VERDURAS

4 RACIONES

El risotto es un plato italiano de arroz que se cocina con verduras o carne. Su textura cremosa se debe a la variedad del arroz usada, arborio especial para risotto. La receta se hace con este particular tipo de arroz, pero si no lo tiene a mano puede usar arroz integral y también sabrá bien.

25 g (1 ½ cucharada) de margarina baja en calorías

1 cebolla partida por la mitad y en trozos

225 g (8 oz) de tofú a dados

225 g (8 oz) de arroz arborio

2,5 ml (½ cucharadita) de cúrcuma

5 ml (1 cucharadita) de salsa de soja

600 ml (1 pint) de caldo de verduras

1 chile verde a trozos

1 pimiento rojo partido por la mitad y a trozos

50 g (2 oz) de guisantes

75 g (3 oz) castañas de agua en lata escurridas y partidas por la mitad

40 g (1 ½ oz) de champiñones

HECHOS NUTRICIONALES	
Tamaño de servir 1 (372 g)	
Calorías 182	Calorías procedentes de grasas 54
	% Valor diario
Total de grasas 6 g	9%
Grasas saturadas 1 g	5%
Grasas monoinsaturadas 2,1 g	0%
Grasas poliinsaturadas 1,8 g	0%
Colesterol 0 mg	0%
Sodio 911 mg	38%
Total carbohidratos 26 g	9%
Fibra dietética 1 g	5%
Azúcares 2 g	0%
Proteínas 8 g	0%

El tanto por ciento del valor diario se basa en una dieta de 2.000 calorías.

≈ Caliente la margarina en una sartén antiadherente y cocine la cebolla y el tofú durante 3 minutos. Añada el arroz y la cúrcuma y cocínelo durante otros 2 minutos.

≈ Añada la salsa de soja a la olla con el caldo, chile, pimiento, guisantes y castañas de agua. Caliente la mezcla hasta que empiece a hervir, reduzca el fuego y cocine a fuego lento durante 15-20 minutos hasta que las verduras estén tiernas. Añada un poco más de agua o caldo en caso necesario, y remueva frecuentemente. Vierta los champiñones, cocínelos durante 5 minutos y sírvalos.

CHOP SUEY DE VERDURAS

4 RACIONES

A̲ñada un toque chino a su mesa con esta receta tan fácil. Las verduras se cocinan con salsa de soja y se sirven con arroz integral para una comida rápida y saludable.

≈ Ponga el caldo de verduras en una sartén con la salsa china picante y cocine todas las verduras, excepto los champiñones y las judías, durante 5 minutos. Añada estos últimos y la salsa de soja a la sartén y cocínelo todo durante otros 5 minutos, removiendo bien. Sírvalo inmediatamente con arroz integral hervido.

300 ml (½ pint) de caldo de verduras
5 g (1 cucharadita) de salsa china picante
3 zanahorias cortadas en tiras
3 apios troceados
1 cebolla roja en trozos
1 pimiento verde sin semillas y cortado en trozos
40 g (1½ oz) de champiñones troceados
225 g (8 oz) de judías
15 ml (1 cucharada) de salsa de soja ligera

HECHOS NUTRICIONALES	
Tamaño de servir 1 (250 g)	
Calorías 57	Calorías procedentes de grasas 9

	% Valor diario
Total de grasas 1 g	1%
Grasas saturadas 0 g	0%
Grasas monoinsaturadas 0,1 g	0%
Grasas poliinsaturadas 0,3 g	0%
Colesterol 0 mg	0%
Sodio 620 mg	26%
Total carbohidratos 10 g	3%
Fibra dietética 3 g	10%
Azúcares 4 g	0%
Proteínas 4 g	0%

El tanto por ciento del valor diario se basa en una dieta de 2.000 calorías.

HAMBURGUESAS DE TOFÚ Y PATATAS FRITAS

4 RACIONES

I̲deal para personas que están a dieta. Estas patatas escaldadas se enharinan con un poco de aceite y se dejan en el horno hasta que estén hechas y crujientes.

≈ Hierva las zanahorias en agua durante 10-12 minutos o hasta que se ablanden. Escúrralas bien. Cocine la calabaza en agua hirviendo durante 5 minutos y escúrrala bien. Ponga las zanahorias, calabaza, cebolla, tofú y cilantro en una picadora y píquelo durante 10 segundos. Usando las manos previamente enharinadas, haga la mezcla de las hamburguesas en 4 trozos iguales. Déjela enfriar en la nevera durante una hora.

≈ Corte las patatas en trozos gruesos y hiérvalas en agua durante 10 minutos. Escúrralas bien y enharínelas. Ponga las patatas en una bolsa de plástico y añada un poco de aceite. Ciérrela bien y agite la bolsa hasta que se bañen en aceite. Entonces, ponga las patatas en una bandeja antiadherente y llévelas al horno a 200 °C (400 °F, gas 6) durante 30 minutos o hasta que se doren.

≈ Mientras tanto, ponga las hamburguesas en la parrilla durante 7 u 8 minutos dándoles la vuelta de vez en cuando. Tueste los panecillos para las hamburguesas durante 2 minutos y ponga una hamburguesa en cada mitad. Añada los tomates, la lechuga y la cebolla y sírvalas con las patatas fritas.

Para las hamburguesas

185 g (6½ oz) de zanahorias picadas
50 g (2 oz) de calabazas
1 cebolla picada
275 g (10 oz) de tofú cortado en dados
5 g (1 cucharadita) de cilantro molido
4 bollos partidos para hamburguesas
tomates troceados, lechuga y cebolla

Para las patatas fritas

2 patatas grandes
30 g (2 cucharadas) de harina
15 ml (1 cucharada) de aceite de girasol

HECHOS NUTRICIONALES	
Tamaño de servir 1 (459 g)	
Calorías 280	Calorías procedentes de grasas 63

	% Valor diario
Total de grasas 7 g	11%
Grasas saturadas 1 g	5%
Grasas monoinsaturadas 2,0 g	0%
Grasas poliinsaturadas 3,0 g	0%
Colesterol 0 mg	0%
Sodio 218 mg	9%
Total carbohidratos 38 g	13%
Fibra dietética 5 g	20%
Azúcares 8 g	0%
Proteínas 17 g	0%

El tanto por ciento del valor diario se basa en una dieta de 2.000 calorías.

Selección de Guarniciones de Temporada

Trío de purés

Láminas de patata y queso

Coliflor con hierbas

Ensalada de pimentón y patatas

Pimientos rellenos

Judías con menta y pepino

Arroz integral con castañas

Verduras gratinadas

Berenjenas picantes

Chirivías glaseadas con miel

Empanadillas mixtas de carne y verduras

Lombarda dulce

Cebollas cocidas caramelizadas

Lentejas especiadas y picantes

Frito de tres variedades de setas

Ratatouille

Gnocchi de hierbas

Arroz picante y rápido

TRÍO DE PURÉS

4 RACIONES

Estos purés vegetales son perfectos para cenas de fiestas. Alternativamente, hágalo en un molde grande en vez de en moldes individuales.

275 g (10 oz) de patatas cortadas en dados

185 g (6½ oz) de zanahorias (en dados)

Ralladura de 1 naranja

15 ml (1 cucharada) de zumo de naranja

Pimienta negra molida

225 g (8 oz) de patatas dulces cortadas en dados

Nuez moscada picada

115 g (4 oz) de espinacas

El zumo de un limón

15 g (1 cucharada) de cilantro fresco picado

HECHOS NUTRICIONALES

Tamaño de servir 1 (189 g)

Calorías 154	Calorías procedentes de grasas 0
	% Valor diario
Total de grasas 0 g	1%
Grasas saturadas 0 g	0%
Grasas monoinsaturadas 0,0 g	0%
Grasas poliinsaturadas 0,1 g	0%
Colesterol 0 mg	0%
Sodio 55 mg	2%
Total carbohidratos 35 g	12%
Fibra dietética 7 g	27%
Azúcares 10 g	0%
Proteínas 4 g	0%

El tanto por ciento del valor diario se basa en una dieta de 2.000 calorías.

≈ Cocine las patatas en agua hirviendo durante 20 minutos o hasta que estén blandas. Escúrralas y macháquelas. Divídalas en tres partes iguales en tres cuencos.

≈ Hierva las zanahorias durante 10 minutos o hasta que se ablanden. Escúrralas y tritúrelas. Añádalas a un cuenco de patatas con el zumo y ralladura de naranja. Sazone con pimienta.

≈ Cocine la patata dulce durante 10 minutos en agua hirviendo. Escúrrala y macháquela. Añádala a otro cuenco de patatas con la nuez moscada. Sazone con pimienta.

≈ Escalde las espinacas durante 3 minutos en agua hirviendo. Escúrralas bien presionando para que queden bien secas. Añádalas al cuenco sobrante con el zumo de un limón y cilantro. Sazone con pimienta.

≈ Ponga los contenidos de los tres cuencos por separado en una picadora y píquelos durante un minuto. Hágalo con cada mezcla. Ponga la mitad del puré de zanahorias en la base de cuatro ramequines. Cúbralos con la mitad de la mezcla de espinacas y finalmente ponga la mitad de la mezcla de patata dulce en cada plato.

≈ Ponga los platos en una olla con suficiente agua a hervir. Tápelo y llévelo al horno a 190 °C (375 °F, gas 5) durante una hora. Ponga los purés en fuentes y sírvalos con un plato principal de verduras.

LÁMINAS DE PATATA Y QUESO

4 RACIONES

Esta receta usa crema semidesnatada en lugar de crema entera. Si se prefiere, sustitúyala con leche desnatada o caldo de verduras.

450 g (1 lb) de patatas partidas de forma muy fina

2 dientes de ajo picados

50 g (2 oz) de queso rallado bajo en calorías

1 cebolla partida por la mitad y a trozos

30 g (2 cucharadas) de perejil picado

125 ml (4 fl oz) de crema semidesnatada

25 ml (4 fl oz) de leche desnatada

Pimienta negra molida

Perejil fresco picado para adornar

HECHOS NUTRICIONALES

Tamaño de servir 1 (179 g)

Calorías 159	Calorías procedentes de grasas 9
	% Valor diario
Total de grasas 1 g	2%
Grasas saturadas 0 g	2%
Grasas monoinsaturadas 0,6 g	0%
Grasas poliinsaturadas 0,2 g	0%
Colesterol 1 mg	0%
Sodio 44 mg	2%
Total carbohidratos 34 g	11%
Fibra dietética 3 g	12%
Azúcares 3 g	0%
Proteínas 4 g	0%

El tanto por ciento del valor diario se basa en una dieta de 2.000 calorías.

≈ Cocine las patatas en agua hirviendo durante 10 minutos. Escúrralas bien. Haga una lámina de patatas en la base de un plato no muy hondo apto para cocinar al horno. Añada un poco de ajo, queso, cebolla y perejil. Repita las láminas hasta que haya usado todas las patatas, cebollas, queso, ajo y perejil, acabando con una lámina de queso.

≈ Mezcle juntas la crema semidesnatada y la leche. Sazone y cubra las láminas de patata. Póngalo al horno a 160 °C (325 °F, gas 3) durante una hora y media hasta que esté cocinado y se dore. Adorne con perejil y sírvalo.

Láminas de patata y queso ▶

COLIFLOR CON HIERBAS

4 RACIONES

Tradicionalmente, la coliflor con queso lleva una salsa rica en queso cubriéndola entera. Esta versión baja en calorías usa una salsa de vino y hierbas, que es igualmente deliciosa.

4 coliflores

2 ramitas de menta

900 ml (1½ pints) de caldo de
   verduras

25 g (1 oz) de queso rallado bajo en
   calorías

Para la salsa

150 ml (¼ pint) de caldo de verduras

300 ml (½ pint) de leche desnatada

150 ml (¼ pint) de vino blanco seco

30 g (2 cucharadas) de harina de
   maíz

15 g (1 cucharada) de perejil picado
   fresco

15 g (1 cucharada) de cilantro picado
   fresco

15 g (1 cucharada) de tomillo picado
   fresco

Pimienta negra molida

HECHOS NUTRICIONALES	
Tamaño de servir 1 (846 g)	
Calorías 160	Calorías procedentes de grasas 27
	% Valor diario
Total de grasas 3 g	4%
Grasas saturadas 0 g	2%
Grasas monoinsaturadas 0,1 g	0%
Grasas poliinsaturadas 0,0 g	0%
Colesterol 4 mg	1%
Sodio 1.309 mg	55%
Total carbohidratos 24 g	8%
Fibra dietética 12 g	46%
Azúcares 18 g	0%
Proteínas 16 g	0%

El tanto por ciento del valor diario se basa en una dieta de 2.000 calorías.

≈ Limpie y recorte las coliflores y póngalas en una cazuela grande con la menta y el caldo. Cocínelas durante 10 minutos.

≈ Ponga el caldo para la salsa, la leche y el vino blanco en una olla y vierta la harina de maíz con 60 ml (4 cucharadas) de agua fría. Caliéntelo hasta que hierva, removiendo, y añada las hierbas. Sazone y cocine a fuego lento durante 2 o 3 minutos.

≈ Escurra las coliflores y póngalas en una fuente para cocinar al horno. Vierta la salsa por encima junto con el queso. Póngalo al grill durante 2 o 3 minutos hasta que se derrita el queso y sírvalas.

ENSALADA DE PIMENTÓN Y PATATAS

4 RACIONES

Esta ensalada es un plato picante indio. Es perfecto como acompañamiento de un plato picante o una ensalada verde.

450 g (1 lb) de patatas

125 ml (4 fl oz) de caldo de verduras

1 cebolla roja partida por la mitad y en trozos

1,5 g (¼ de cucharadita) de comino molido

1 chile verde

1,5 g (¼ de cucharadita) de cúrcuma molida

1 vaina de cardamomo

5 g (1 cucharadita) de pimentón

1 tomate sin semillas y partido en dados

15 g (1 cucharada) de perejil fresco picado

≈ Corte las patatas en dados de 2,5 cm (1 in). Cocínelas en agua hirviendo durante 10 minutos. Escúrralas y guárdelas.

≈ Caliente 45 ml (3 cucharadas) de caldo en una olla, añada la cebolla y cocine durante 5 minutos hasta que se empiece a dorar. Añada patatas, cominos, chile, cúrcuma, cardamomo y pimentón. Vierta el caldo restante y el tomate. Caliéntelo hasta que empiece a hervir y cocínelo durante 5 minutos. Rocíelo con perejil y sírvalo.

HECHOS NUTRICIONALES	
Tamaño de servir 1 (219 g)	
Calorías 159	Calorías procedentes de grasas 9

	% Valor diario
Total de grasas 1 g	1%
Grasas saturadas 0 g	0%
Grasas monoinsaturadas 0,0 g	0%
Grasas poliinsaturadas 0,2 g	0%
Colesterol 0 mg	0%
Sodio 199 mg	8%
Total carbohidratos 35 g	12%
Fibra dietética 5 g	22%
Azúcares 4 g	0%
Proteínas 4 g	0%

El tanto por ciento del valor diario se basa en una dieta de 2.000 calorías.

PIMIENTOS RELLENOS

4 RACIONES

Estos pimientos están rellenos de trigo bulgur condimentado con queso, verduras y frutas. Se sirve como acompañamiento o como plato principal.

≈ Ponga el trigo bulgur en un cuenco y vierta en él el caldo de verduras. Déjelo durante 30 minutos. Escúrralo si lo desea.

≈ Mientras tanto, corte los pimientos y sáqueles las semillas y el centro. Cocínelos en agua hirviendo durante 2 minutos, escúrralos y refrésquelos en agua fría.

≈ Mezclarlo todo junto a los ingredientes que faltan. Viértalos en el trigo bulgur y luego sobre los pimientos. Sazone con pimienta negra.

≈ Deje los pimientos en una fuente honda apta para el horno y vierta suficiente agua hirviendo en ella para llenarla hasta la mitad. Tapar y hornear a 180 °C (350 °F, gas 4) durante 20 minutos; servir.

---

115 g (4 oz) de trigo bulgur

250 ml (8 fl oz) de caldo de verduras

4 pimientos rojos

1,5 g (¼ de cucharadita) de cúrcuma molida

40 g (1½ oz) de champiñones partidos en dados

30 g (2 cucharadas) de pasas

30 g (2 cucharadas) de albaricoques partidos en dados

3 cebollas partidas

25 g (1 oz) de queso rallado bajo en calorías

30 g (2 cucharadas) de cilantro fresco picado

1,5 g (¼ de cucharadita) de cayena

Pimienta negra molida

HECHOS NUTRICIONALES

Tamaño de servir 1 (268 g)

Calorías 209	Calorías procedentes de grasas 9

	% Valor diario
Total de grasas 1 g	2%
Grasas saturadas 0 g	1%
Grasas monoinsaturadas 0,1 g	0%
Grasas poliinsaturadas 0,2 g	0%
Colesterol 2 mg	1%
Sodio 274 mg	11%
Total carbohidratos 44 g	15%
Fibra dietética 8 g	32%
Azúcares 3 g	0%
Proteínas 8 g	0%

El tanto por ciento del valor diario se basa en una dieta de 2.000 calorías.

JUDÍAS CON MENTA Y PEPINO

4 RACIONES

El pepino no suele servirse caliente, pero es perfecto si se hace con esta receta y delicadamente sabroso si le añadimos menta. Un plato inusual pero muy delicioso.

≈ Prepare las verduras y déjelas en una bandeja grande con papel de aluminio. Ponga este papel alrededor de todas las verduras y arrúguelo hasta formar un paquete abierto. Añada los ingredientes restantes, sazónelo y ciérrelo.

≈ Ponga el paquete a cocinar a fuego lento en una vaporera durante 25 minutos o hasta que las judías estén tiernas. Adórnelo y sírvalo.

---

450 g (1 lb) de judías verdes cortadas

½ pepino partido en trozos grandes

2 dientes de ajo picados

4 ramitas de menta

15 ml (1 cucharada) de zumo de limón

75 ml (3 fl oz) de caldo de verduras

Pimienta negra molida

Tiras de limón para adornar

HECHOS NUTRICIONALES

Tamaño de servir 1 (185 g)

Calorías 40	Calorías procedentes de grasas 9

	% Valor diario
Total de grasas 1 g	2%
Grasas saturadas 0 g	1%
Grasas monoinsaturadas 0,4 g	0%
Grasas poliinsaturadas 0,3 g	0%
Colesterol 0 mg	0%
Sodio 106 mg	4%
Total carbohidratos 6 g	2%
Fibra dietética 2 g	9%
Azúcares 3 g	0%
Proteínas 2 g	0%

El tanto por ciento del valor diario se basa en una dieta de 2.000 calorías.

Judías con menta y pepino ▶

ARROZ INTEGRAL CON CASTAÑAS

4 RACIONES

*Las castañas son una variedad de frutos secos que no tienen demasiadas calorías.
Se añaden al sabor del arroz en esta receta.*

≈ Caliente el caldo de verduras en una olla, añada el arroz y la cebolla y cocínelo durante 10 minutos.

≈ Vierta el ajo, las castañas, el apio, el perejil y el maíz. Sazónelo bien y cocínelo durante 40 minutos a fuego lento, hasta que se haya hecho el arroz y se haya absorbido todo el líquido.

900 ml (1½ pint) de caldo de verduras

200 g (7 oz) de arroz integral

1 cebolla roja, partida por la mitad y troceada

2 dientes de ajo picados

115 g (4 oz) de castañas cocidas partidas en cuartos

2 ramitas de apio troceadas

45 g (3 cucharadas) de perejil picado fresco

150 g (5 oz) de maíz

Pimienta negra molida

HECHOS NUTRICIONALES

Tamaño de servir 1 (148 g)

Calorías 155	Calorías procedentes de grasas 9

	% Valor diario
Total de grasas 1 g	2%
Grasas saturadas 0 g	1%
Grasas monoinsaturadas 0,4 g	0%
Grasas poliinsaturadas 0,4 g	0%
Colesterol 0 mg	0%
Sodio 181 mg	8%
Total carbohidratos 34 g	11%
Fibra dietética 2 g	8%
Azúcares 5 g	0%
Proteínas 4 g	0%

El tanto por ciento del valor diario se basa en una dieta de 2.000 calorías.

VERDURAS GRATINADAS

4 RACIONES

*Esta combinación de colores de verduras cocidas se presenta en esta receta
con migas de pan por encima, cilantro y queso para darle de esta manera
más sabor y textura.*

≈ Ponga las verduras en una olla grande con agua hirviendo durante 10 minutos. Escúrralas bien y póngalas en una fuente no muy honda apta para hornear.

≈ Mezcle ahora el ajo, la miel, el jengibre, la nuez moscada, el zumo de manzana y el caldo de verduras, y échelo con cuidado por encima de las verduras ya hervidas anteriormente.

≈ Mezclar con las migas de pan y el cilantro. Esparza sobre las verduras y ponga el queso sobre éstas. Llévelo al horno a 200 °C (400 °F, gas 6) durante 45 minutos o hasta que se dore y sírvalo.

2 puerros cortados en tiras

2 zanahorias cortadas en barritas

75 g (3 oz) de guisantes

175 g (6 oz) de mazorcas partidas por la mitad

2 dientes de ajo picados

15 ml (1 cucharada) de miel

2,5 g (½ cucharadita) de jengibre

1,5 g (¼ de cucharadita) de nuez moscada

150 ml (¼ pint) de zumo de manzana

150 ml (¼ pint) de caldo de verduras

50 g (2 oz) de migas de pan blanco fresco

30 g (2 cucharadas) de cilantro fresco picado

25 g (1 oz) de queso rallado bajo en calorías

HECHOS NUTRICIONALES

Tamaño de servir 1 (243 g)

Calorías 164	Calorías procedentes de grasas 18

	% Valor diario
Total de grasas 2 g	5%
Grasas saturadas 0 g	3%
Grasas monoinsaturadas 0,4 g	0%
Grasas poliinsaturadas 0,4 g	0%
Colesterol 2 mg	1%
Sodio 363 mg	15%
Total carbohidratos 34 g	11%
Fibra dietética 3 g	12%
Azúcares 13 g	0%
Proteínas 6 g	0%

El tanto por ciento del valor diario se basa en una dieta de 2.000 calorías.

Verduras gratinadas ▶

BERENJENAS PICANTES

4 RACIONES

Un plato de berenjenas indio perfecto con curry o verduras. Es picante y delicioso si se toma frío como aperitivo.

450 g (1 lb) de berenjenas

175 g (6 oz) de patatas

60 ml (4 cucharadas) de caldo de verduras

½ cebolla troceada

1 pimiento pequeño rojo sin semillas y cortado en dados

1,5 g (¼ de cucharadita) de cilantro molido

1,5 g (¼ de cucharadita) de comino molido

5 g (1 cucharadita) de jengibre rallado

2,5 g (½ cucharadita) de curry

3 dientes de ajo machacados

5 g (1 cucharadita) de chile en polvo

Una pizca de cúrcuma

Una pizca de azúcar

1 chile verde cortado a dados

15 g (1 cucharada) de cilantro fresco picado

HECHOS NUTRICIONALES

Tamaño de servir 1 (206 g)

Calorías 110	Calorías procedentes de grasas 9

	% Valor diario
Total de grasas 1 g	1%
Grasas saturadas 0 g	0%
Grasas monoinsaturadas 0,0 g	0%
Grasas poliinsaturadas 0,1 g	0%
Colesterol 0 mg	0%
Sodio 78 mg	3%
Total carbohidratos 25 g	8%
Fibra dietética 5 g	20%
Azúcares 3 g	0%
Proteínas 3 g	0%

El tanto por ciento del valor diario se basa en una dieta de 2.000 calorías.

≈ Corte las berenjenas en dados pequeños y las patatas en trozos de 2,5 cm (1 in). Caliente el caldo en una olla, añada la cebolla y cocine durante 2-3 minutos. Vierta en ella el pimiento rojo, el cilantro molido, el comino, el jengibre, el curry, el ajo, el chile y la cúrcuma, y cocínelo todo durante 2-3 minutos.

≈ Añada la berenjena, el chile verde y 150 ml (1 pint) de agua y déjelo a fuego lento durante 15 minutos. Añada las patatas, cocine durante 10 minutos, añada el cilantro fresco y sirva.

CHIRIVÍAS GLASEADAS CON MIEL

4 RACIONES

Tradicionalmente, las chirivías se cocinan asadas o cocidas, pero al vapor saben igual de bien y en mucho menos tiempo.

≈ Cocine las chirivías en agua hirviendo durante 5 minutos. Escúrralas y póngalas en una bandeja con papel de aluminio.

≈ Mezcle la miel, el jengibre, el comino, el caldo de verduras y el cilantro. Échelo por encima de las chirivías y sazone. Tápelo y déjelo al vapor durante 20 minutos. Sírvalo inmediatamente con el caldillo.

8 chirivías pequeñas

30 ml (2 cucharadas) de miel

2,5 g (½ cucharadita) de jengibre molido

2,5 g de semillas de comino

125 ml (4 fl oz) de caldo de verduras

15 g (1 cucharada) de cilantro fresco picado

Pimienta negra molida

HECHOS NUTRICIONALES	
Tamaño de servir 1 (100 g)	
Calorías 90	Calorías procedentes de grasas 0
	% Valor diario
Total de grasas 0 g	1%
Grasas saturadas 0 g	0%
Grasas monoinsaturadas 0,1 g	0%
Grasas poliinsaturadas 0,0 g	0%
Colesterol 0 mg	0%
Sodio 80 mg	3%
Total carbohidratos 22 g	7%
Fibra dietética 3 g	13%
Azúcares 9 g	0%
Proteínas 2 g	0%

El tanto por ciento del valor diario se basa en una dieta de 2.000 calorías.

EMPANADILLAS MIXTAS DE CARNE Y VERDURAS

24 RACIONES

Estas son como las empanadillas chinas o Dim Sum. Una pasta de agua y harina con verduras picadas delicadamente, rápidas de preparar y perfectas con un primer plato chino.

≈ Mezcle todos los ingredientes del relleno en un cuenco.

≈ Ponga 275 g (10 oz) de la harina para la masa en un cuenco. Vierta en 125 ml (4 fl oz) de agua hirviendo 60 ml (4 cucharadas) de agua fría y el aceite. Junte la mezcla hasta formar una masa. Ponga la harina restante en la encimera y haga la masa hasta que se alise. Enrolle la masa en forma de salchicha y córtela en 24 trozos iguales. Haga 24 círculos iguales de 5 cm (2 in).

≈ Divida el relleno en 24 unidades y con una cuchara póngalos en el centro de cada círculo. Ponga los bordes de la masa en el centro y júntelo como si fuese una sola pieza.

≈ Ponga una cuarta parte de las empanadillas en la vaporera tapada con un trapo y déjelas durante 5 minutos. Repita con las restantes y sirva.

Para el relleno

1 zanahoria pequeña picada

1 apio chafado

1 cebolla chafada

1 calabacín pequeño chafado

2 dientes de ajo picados

7,5 ml (½ cucharada) de salsa de soja

Una pizca de azúcar

5 ml (1 cucharadita) de jerez seco

15 g (1 cucharada) de harina de maíz

Para la masa

350 g (12 oz) de harina blanca

15 ml (1 cucharada) de aceite bajo en calorías

HECHOS NUTRICIONALES	
Tamaño de servir 1 (29 g)	
Calorías 68	Calorías procedentes de grasas 9
	% Valor diario
Total de grasas 1 g	1%
Grasas saturadas 0 g	0%
Grasas monoinsaturadas 0,0 g	0%
Grasas poliinsaturadas 0,4 g	0%
Colesterol 0 mg	0%
Sodio 25 mg	1%
Total carbohidratos 13 g	4%
Fibra dietética 1 g	3%
Azúcares 1 g	0%
Proteínas 2 g	0%

El tanto por ciento del valor diario se basa en una dieta de 2.000 calorías.

LOMBARDA DULCE

4 RACIONES

Con un sabor dulce y mucho color, también se puede servir fría.

300 ml (½ pint) de caldo de verduras

675 g (1½ lb) de lombarda sin el corazón

1 cebolla troceada

15 g (1 cucharada) de azúcar moreno

5 g (1 cucharadita) de pimienta inglesa

225 g (8 oz) de manzanas verdes sin el corazón y a trozos

5 g (1 cucharadita) de hinojo

30 ml (2 cucharadas) de vinagre de sidra

15 g (1 cucharada) de harina de maíz

15 g (1 cucharada) de perejil picado fresco

≈ Ponga la mitad del caldo en una olla grande. Añada la lombarda y la cebolla y cocínelo a fuego rápido durante 5 minutos.

≈ Añada el azúcar, la pimienta inglesa, las manzanas, el hinojo, el vinagre y resto de caldo. Vierta la harina de maíz con 30 ml (2 cucharadas) de agua fría para formar una pasta.

≈ Introdúzcalo en la olla y caliéntelo hasta hervir, removiendo hasta que espese y claree. Reduzca el fuego durante unos 15 minutos hasta que se haya hecho la lombarda. Esparza el perejil y sírvalo.

HECHOS NUTRICIONALES

Tamaño de servir 1 (328 g)

Calorías 106	Calorías procedentes de grasas 9

	% Valor diario
Total de grasas 1 g	1%
Grasas saturadas 0 g	1%
Grasas monoinsaturadas 0,0 g	0%
Grasas poliinsaturadas 0,3 g	0%
Colesterol 0 mg	0%
Sodio 178 mg	7%
Total carbohidratos 24 g	8%
Fibra dietética 3 g	13%
Azúcares 11 g	0%
Proteínas 3 g	0%

El tanto por ciento del valor diario se basa en una dieta de 2.000 calorías.

CEBOLLAS COCIDAS CARAMELIZADAS

4 RACIONES

Estas cebollas cocidas tienen un ligero sabor a «quemado» que complementa el dulzor de la cebolla. Sírvase como plato principal.

4 cebollas grandes

10 g margarina baja en calorías

75 g de azúcar moreno

≈ Corte las cebollas en cuartos y luego otra vez en cuatro. Cocínelas en agua hirviendo durante 10 minutos. Escúrralas bien.

≈ Ponga la margarina y el azúcar en una sartén, y caliente hasta que la margarina se derrita. Ponga las cebollas en un recipiente para asar y vierta la margarina y el azúcar sobre ellas. Cocínelas al horno a 190 °C (375 °F, gas 5) durante 10 minutos o hasta que estén doradas. Sírvalas inmediatamente.

HECHOS NUTRICIONALES

Tamaño de servir 1 (10 g)

Calorías 31	Calorías procedentes de grasas 9

	% Valor diario
Total de grasas 1 g	1%
Grasas saturadas 0 g	1%
Grasas monoinsaturadas 0,4 g	0%
Grasas poliinsaturadas 0,3 g	0%
Colesterol 0 mg	0%
Sodio 3 mg	0%
Total carbohidratos 6 g	2%
Fibra dietética 0 g	0%
Azúcares 0 g	0%
Proteínas 0 g	0%

El tanto por ciento del valor diario se basa en una dieta de 2.000 calorías.

Lombarda dulce ▶

LENTEJAS ESPECIADAS Y PICANTES

4 RACIONES

Esta receta se puede comer como plato principal vegetariano o como guarnición.

175 g (6 oz) de lentejas rojas

20 ml (4 cucharaditas) de aceite poliinsaturado

1 cebolla roja picada

2 dientes de ajo picados

1,5 g (¼ de cucharadita) de comino molido

1,5 g (¼ de cucharadita) de cilantro molido

1 chile rojo picado

900 ml (1½ pints) de caldo de verduras

El jugo de 1 lima

Pimienta negra molida

HECHOS NUTRICIONALES

Tamaño de servir 1 (237 g)		
Calorías 186	Calorías procedentes de grasas 45	
		% Valor diario
Total de grasas 5 g		8%
Grasas saturadas 0 g		2%
Grasas monoinsaturadas 0,6 g		0%
Grasas poliinsaturadas 3,5 g		0%
Colesterol 0 mg		0%
Sodio 59 mg		2%
Total carbohidratos 23 g		8%
Fibra dietética 12 g		46%
Azúcares 0 g		0%
Proteínas 14 g		0%

El tanto por ciento del valor diario se basa en una dieta de 2.000 calorías.

≈ Lave las lentejas. Escúrralas y guárdelas. Caliente el aceite en una olla; añada la cebolla, el ajo y las especias y cocine durante 5 minutos.

≈ Vierta ahora en la olla las lentejas y cocínelas durante 3 o 4 minutos aproximadamente.

≈ Añada el chile y el caldo, y ponga a calentar hasta que empiece a hervir. Reduzca a fuego lento durante 35 minutos hasta que las lentejas estén blandas.

≈ Vierta el jugo de lima y remueva. Sazone bien y sirva.

FRITO DE TRES VARIEDADES DE SETAS

4 RACIONES

Este es un plato sencillamente delicioso. Las tres variedades de setas se cocinan con ajo y salsa de soja.

40 g (1½ oz) de hongos portobelo

75 g (3 oz) de setas

50 g (2 oz) de hongos shiitake

60 ml (4 cucharadas) de caldo de verduras

2 dientes de ajo picados

15 ml (1 cucharada) de salsa de soja

30 g (2 cucharadas) de perejil picado fresco o tomillo

Pimienta negra molida

HECHOS NUTRICIONALES

Tamaño de servir 1 (129 g)		
Calorías 71	Calorías procedentes de grasas 0	
		% Valor diario
Total de grasas 0 g		1%
Grasas saturadas 0 g		1%
Grasas monoinsaturadas 0,1 g		0%
Grasas poliinsaturadas 0,0 g		0%
Colesterol 0 mg		0%
Sodio 289 mg		12%
Total carbohidratos 18 g		6%
Fibra dietética 3 g		12%
Azúcares 0 g		0%
Proteínas 2 g		0%

El tanto por ciento del valor diario se basa en una dieta de 2.000 calorías.

≈ Pele los hongos y córtelos en láminas muy finas. Póngalos en una sartén con el caldo de verduras, ajo, salsa de soja y la mitad de las hierbas. Sazone bien con pimienta negra. Cocine y remueva 3 minutos. Esparza las hierbas restantes y sirva inmediatamente.

Frito de tres variedades de setas ▶

RATATOUILLE

4 RACIONES

Es una mezcla de verduras cocinadas con salsa de hierbas y tomate. Es un plato sabroso para servir como plato principal o como para acompañar a unas patatas hervidas con piel.

1 cebolla partida por la mitad y troceada

2 dientes de ajo picados

150 ml (¼ pint) de caldo de verduras

1 berenjena grande troceada

1 pimiento verde sin semillas y a trozos

30 ml (2 cucharadas) de puré de tomate

400 ml (14 oz) de tomates triturados de lata

30 g (2 cucharadas) de orégano fresco picado

Pimienta negra molida

HECHOS NUTRICIONALES	
Tamaño de servir 1 (351 g)	
Calorías 83	Calorías procedentes de grasas 9
	% Valor diario
Total de grasas 1 g	1%
Grasas saturadas 0 g	0%
Grasas monoinsaturadas 0,0 g	0%
Grasas poliinsaturadas 0,1 g	0%
Colesterol 0 mg	0%
Sodio 228 mg	10%
Total carbohidratos 17 g	6%
Fibra dietética 3 g	12%
Azúcares 2 g	0%
Proteínas 4 g	

El tanto por ciento del valor diario se basa en una dieta de 2.000 calorías.

≈ Ponga la cebolla, el ajo y el caldo de verduras en una sartén y cocínelos durante 5 minutos o hasta que la cebolla esté blanda.

≈ Añada berenjena, calabacín y el pimiento verde, y cocine durante otros 5 minutos. Vierta el puré de tomate, los tomates triturados y 15 g (1 cucharada) de orégano. Sazone bien, reduzca el fuego y cocine durante una hora removiendo de vez en cuando. Esparza el orégano restante y sírvalo.

GNOCCHI DE HIERBAS

4 RACIONES

Uno de los platos italianos favoritos, los gnocchi pueden hacerse de patatas, de harina, o una mezcla de los dos. Se pueden hervir, cocer o asar como acompañamiento.

≈ Ponga la leche y el caldo en una olla y caliéntelo hasta que empiece a hervir. Añádalo a la patata ya cocinada, con el cilantro, la clara de huevo, la margarina y 50 g (2 oz) de queso, y remueva bien.

≈ Unte la mezcla en una fuente, algo embadurnada de margarina y apta para el horno, y deje que se enfríe. Esparza el resto del queso y póngalo al grill durante 5 minutos. Corte en dados y sírvalo.

60 ml (4 cucharadas) de leche desnatada

60 ml (4 cucharadas) de caldo de verduras

675 g (1½ lb) de patatas cocidas machacadas

Pimienta negra molida

1,5 g (¼ de cucharadita) de cilantro molido

1 clara de huevo batida

30 g (2 cucharadas) de margarina baja en calorías

75 g (3 oz) de queso rallado bajo en calorías

HECHOS NUTRICIONALES	
Tamaño de servir 1 (144 g)	
Calorías 165	Calorías procedentes de grasas 36

	% Valor diario
Total de grasas 4 g	6%
Grasas saturadas 1 g	4%
Grasas monoinsaturadas 1,7 g	0%
Grasas poliinsaturadas 1,2 g	0%
Colesterol 0 mg	0%
Sodio 109 mg	5%
Total carbohidratos 30 g	10%
Fibra dietética 3 g	11%
Azúcares 2 g	0%
Proteínas 4 g	0%

El tanto por ciento del valor diario se basa en una dieta de 2.000 calorías.

ARROZ PICANTE Y RÁPIDO

4 RACIONES

No es como el risotto; en esta receta, el arroz se cocina por separado y se añade a las verduras al final. Con esto se reduce la mitad de tiempo para cocinar y como resultado tenemos un plato de verduras rápido o un plato principal.

≈ Ponga el caldo en una sartén, añada las judías, el maíz, el chile jalapeño, los tomates, el apio, el ajo y la cebolla. Cocínelo durante 7 minutos removiendo. Añada los espárragos, la cayena y el chile, y cocínelo durante otros 3 minutos.

≈ Mientras tanto, cocine el arroz en abundante agua hirviendo y escúrralo bien. Vierta el arroz en la sartén junto con las verduras. Esparza el perejil y sírvalo.

300 ml (½ pint) de caldo de verduras

225 g (8 oz) de judías verdes

150 g (5 oz) de maíz

1 chile jalapeño partido en trozos

50 g (2 oz) de tomates secos remojados durante 1 noche en agua y troceados

2 apios troceados

3 dientes de ajo picados

1 cebolla roja partida en dados

4 espárragos trigueros partidos

1,5 g (¼ de cucharadita) de cayena

1,5 g (¼ de cucharadita) de chile en polvo

200 g (7 oz) de arroz largo marrón

15 g (1 cucharada) de perejil fresco picado

HECHOS NUTRICIONALES	
Tamaño de servir 1 (274 g)	
Calorías 157	Calorías procedentes de grasas 18

	% Valor diario
Total de grasas 2 g	3%
Grasas saturadas 0 g	2%
Grasas monoinsaturadas 0,4 g	0%
Grasas poliinsaturadas 0,6 g	0%
Colesterol 0 mg	0%
Sodio 608 mg	25%
Total carbohidratos 32 g	11%
Fibra dietética 6 g	23%
Azúcares 3 g	0%
Proteínas 7 g	0%

El tanto por ciento del valor diario se basa en una dieta de 2.000 calorías.

DELICIAS DE POSTRE

Naranjas con miel

Puré de fresas

Sorbete de albaricoque

Granizado de melón

Fruditées

Pastel de moras

Tarta de manzana

Helado de plátano

Mousse de vainilla

Pastel de queso y arándanos

Flan al caramelo

Brûlée de ciruelas y jengibre

Esponjas de cappuccino

Tostadas de canela

Manzanas asadas

Peras escalfadas

NARANJAS CON MIEL

4 RACIONES

Las naranjas y el jengibre son una buena combinación. Se ha añadido jengibre molido a esta receta con una pizca de licor de naranja para aumentar su sabor.

≈ Ponga miel, canela, jengibre y menta en una olla con 150 ml (¼ pint) de agua. Caliéntelo hasta que la miel se funda. Lleve a ebullición y déjelo que se reduzca a la mitad. Sacar la menta de la olla, desecharla y verter el Grand Marnier.

≈ Mientras tanto, pele las naranjas, quite con cuidado la cáscara y pártala finamente. Ponga los trozos de naranja en un cuenco de servir, vierta sobre él el sirope y déjelo enfriar una hora antes de servir.

60 ml (4 cucharadas) de miel

2,5 g (½ cucharadita) de canela

1,5 g (¼ de cucharadita) de jengibre molido

2 ramitas de menta

10 ml (2 cucharaditas) de Grand Marnier

4 naranjas

HECHOS NUTRICIONALES

Tamaño de servir 1 (253 g)

Calorías 141	Calorías procedentes de grasas 0
	% Valor diario
Total de grasas 0 g	1%
Grasas saturadas 0 g	0%
Grasas monoinsaturadas 0,0 g	0%
Grasas poliinsaturadas 0,0 g	0%
Colesterol 0 mg	0%
Sodio 4 mg	0%
Total carbohidratos 34 g	11%
Fibra dietética 10 g	40%
Azúcares 37 g	0%
Proteínas 2 g	0%

El tanto por ciento del valor diario se basa en una dieta de 2.000 calorías.

PURÉ DE FRESAS

4 RACIONES

Este plato sencillo debe prepararse con antelación, ya que necesita enfriarse durante una hora, antes de servirlo.

≈ Ponga las fresas picadas en una batidora con el azúcar glasé y licúe durante 30 segundos hasta que se suavice.

≈ Ponga el yogur en un cuenco y vierta en él la mezcla de fresas. Bata las claras de huevo hasta que tomen forma y dóblelas con cuidado. Sírvalas en platos y déjelas enfriar durante una hora. Decore y sirva.

275 g (10 oz) de fresas peladas y picadas

50 g (2 oz) de azúcar glasé

300 ml (1/2 pint) de yogur natural bajo en calorías

2 claras de huevo

Trozos de fresas y barritas de menta para decorar

HECHOS NUTRICIONALES

Tamaño de servir 1 (181 g)

Calorías 136	Calorías procedentes de grasas 9
	% Valor diario
Total de grasas 1 g	2%
Grasas saturadas 1 g	4%
Grasas monoinsaturadas 0,3 g	0%
Grasas poliinsaturadas 0,1 g	0%
Colesterol 4 mg	1%
Sodio 79 mg	3%
Total carbohidratos 25 g	8%
Fibra dietética 2 g	7%
Azúcares 8 g	0%
Proteínas 6 g	0%

El tanto por ciento del valor diario se basa en una dieta de 2.000 calorías.

Naranjas con miel ▶

175 g (6 oz) de azúcar

El zumo de ½ naranja

450 g (1lb) de albaricoques chafados

1 clara de huevo

30 g (2 cucharadas) de azúcar extrafino

Trozos de albaricoque, ramitas de
menta y el zumo de una naranja
para decorar

HECHOS NUTRICIONALES

Tamaño de servir 1 (210 g)	
Calorías 247	Calorías procedentes de grasas 9

	% Valor diario
Total de grasas 1 g	1%
Grasas saturadas 0 g	0%
Grasas monoinsaturadas 0,2 g	0%
Grasas poliinsaturadas 0,1 g	0%
Colesterol 0 mg	0%
Sodio 16 mg	1%
Total carbohidratos 61 g	20%
Fibra dietética 3 g	13%
Azúcares 56 g	0%
Proteínas 3 g	0%

El tanto por ciento del valor diario se basa en una dieta de 2.000 calorías.

SORBETE DE ALBARICOQUE

4 RACIONES

Los sorbetes son siempre refrescantes y éste no es una excepción. Tradicionalmente, se servían a mitad de la comida para aclarar el paladar, pero son bien venidos igualmente al finalizar una comida.

≈ Prepare el congelador en modo rápido. Ponga el azúcar y el zumo de naranja en una olla con 150 ml de agua (¼ pint). Caliéntelo hasta que se disuelva. Añada 300 ml (½ pint) de agua.

≈ Bata los trozos de albaricoque durante 30 segundos hasta que formen un puré. Entonces, vierta este puré en el sirope de azúcar, póngalo en un molde que se pueda congelar y déjelo ahí una hora hasta que esté medio helado. Bata la clara de huevo hasta el punto de nieve y mezcle el azúcar.

≈ Saque la fruta medio helada del congelador, póngala en un cuenco y mézclela hasta suavizar. Añada la clara de huevo y vuelva a ponerlo en el molde, dejándolo reposar durante 45 minutos.

≈ Vuelva a coger la mezcla y póngala en un cuenco, mezclándola otra vez y de nuevo vuelva a ponerla en un molde limpio que se pueda dejar en el congelador. Déjelo hasta que se solidifique. Ponga el sorbete en la nevera 10 minutos y sírvalo en vasos de postre. Decórelos y sírvalos.

---

115 g (4 oz) de azúcar

3 barritas de menta

450 g (1 lb) de melón o sandía sin
semillas y cortado en dados

Menta para decorar

HECHOS NUTRICIONALES

Tamaño de servir 1 (149 g)	
Calorías 137	Calorías procedentes de grasas 0

	% Valor diario
Total de grasas 0 g	0%
Grasas saturadas 0 g	0%
Grasas monoinsaturadas 0,0 g	0%
Grasas poliinsaturadas 0,0 g	0%
Colesterol 0 mg	0%
Sodio 25 mg	1%
Total carbohidratos 34 g	12%
Fibra dietética 1 g	5%
Azúcares 24 g	0%
Proteínas 1 g	0%

El tanto por ciento del valor diario se basa en una dieta de 2.000 calorías.

GRANIZADO DE MELÓN

4 RACIONES

Cualquier melón va bien para esta receta. De increíble colorido y refrescante, es el final ligero y perfecto de cualquier comida.

≈ Seleccione el modo rápido del congelador. Ponga el azúcar en una olla con 125 ml (4 fl oz) de agua. Añada la menta y cocine a fuego rápido hasta que se disuelva el azúcar. Retire la olla del fuego y filtre el sirope. Tire las ramitas de menta. Vierta 300 ml (1½ pints) de agua fría.

≈ Ponga el melón en una batidora y bátalo durante 30 segundos hasta que se suavice. Vierta el sirope. Mezcle bien y déjelo enfriar. Ponga la mezcla en un molde apto para el congelador y congélelo durante una hora.

≈ Retírelo del congelador y ponga la mezcla de melón en un cuenco, batiéndolo hasta que se quede suave. Vuélvalo a poner en un molde apto para el congelador y congélelo durante otros 30 minutos. Repita esta operación cada 30 minutos durante 2½ horas. Sirva en platos, decore con menta y sírvalo inmediatamente.

Granizado de melón ▶

150 g (5 oz) de fresas cortadas por la
mitad

1 manzana verde cortada en trozos y
sin el corazón

2 plátanos cortados en trozos de
2,5 cm (1 in)

1 kiwi cortado en ocho trozos

10 ml (2 cucharaditas) de jugo de
limón

Menta fresca para decorar

Para el dip de yogur

250 ml (8 fl oz) de yogur natural

15 g (1 cucharada) de azúcar
moreno

Una pizca de canela

1 papaya pequeña sin semillas y
cortada en dados

Menta y canela para decorar

FRUDITÉES

4 RACIONES

Una variante dulce de cruditées. Esta receta es simple y fácil de hacer. Un postre informal para ser compartido con los amigos.

HECHOS NUTRICIONALES	
Tamaño de servir 1 (268 g)	
Calorías 162	Calorías procedentes de grasas 18

	% Valor diario
Total de grasas 2 g	3%
Grasas saturadas 1 g	4%
Grasas monoinsaturadas 0,3 g	0%
Grasas poliinsaturadas 0,3 g	0%
Colesterol 3 mg	1%
Sodio 44 mg	2%
Total carbohidratos 35 g	12%
Fibra dietética 5 g	21%
Azúcares 25 g	0%
Proteínas 4 g	0%

El tanto por ciento del valor diario se basa en una dieta de 2.000 calorías.

≈ Prepare todas las frutas. Salpique la manzana y el plátano con el jugo de limón.
≈ Ponga todos los ingredientes de la salsa de acompañamiento del yogur en una batidora y licue durante 30 segundos o hasta que quede suave y cremoso. Póngalo en un cuenco y la salsa de acompañamiento en un plato de servir. Espolvoree con canela y adorne con frutas. Sírvalo con las ramitas de menta.

PASTEL DE MORAS

4 RACIONES

Este es un plato fácil de preparar pero requiere congelador. Es perfecto para servir en una cena de fiesta si lo hace con antelación.

≈ Ponga los merengues en un cuenco. Añada las moras y el yogur y mezcle bien. Tome un cuenco, marque una línea de 750 ml (1½ pint) y vierta la mezcla en él, apretando bien. Póngalo en el congelador durante 2 horas.

≈ Mientras tanto, para la salsa ponga las moras, azúcar y zumo de arándanos en una batidora. Licue durante 30 segundos hasta que esté suave. Cuele y deje enfriar.

≈ Ponga el cuenco del pudin en agua caliente durante 4 segundos. Invierta el cuenco en un plato de servir y desmolde el pudin. Sírvalo con salsa de moras.

150 g (5 oz) de merengue cocinado cortado en trozos

115 g (4 oz) de moras

300 ml (½ pint) de yogur natural bajo en calorías

Para la salsa

115 g (4 oz) de arándanos

30 g (2 cucharadas) de azúcar glasé

60 ml (4 cucharadas) de jugo de arándanos

HECHOS NUTRICIONALES	
Tamaño de servir 1 (198 g)	
Calorías 216	Calorías procedentes de grasas 9
	% Valor diario
Total de grasas 1 g	2%
Grasas saturadas 1 g	4%
Grasas monoinsaturadas 0,3 g	0%
Grasas poliinsaturadas 0,0 g	0%
Colesterol 4 mg	1%
Sodio 97 mg	4%
Total carbohidratos 45 g	15%
Fibra dietética 2 g	8%
Azúcares 11 g	0%
Proteínas 7 g	0%

El tanto por ciento del valor diario se basa en una dieta de 2.000 calorías.

TARTA DE MANZANA

8-12 RACIONES

Una tarta de manzana en la que se puede usar tanto pasta filo como de strudel en la masa. Es deliciosa si se sirve con yogur natural.

≈ Ponga una lámina de masa en la base del pastel de manzana y en la cima. Extienda la margarina derretida y continúe haciendo láminas de hojaldre para cubrir todo el pastel. Extienda margarina por todas las láminas. Cocine la pasta en el horno a 200 °C (400 °F, gas 6) durante 10 minutos.

≈ Mientras tanto, ponga las manzanas, el azúcar, las pasas y la nuez moscada en una olla. Tápela y cocine durante 10 minutos o hasta que las manzanas estén blandas. Mezcle todos los ingredientes para recubrir.

≈ Ponga el relleno de manzana en el plato de pasta. Espolvoree por encima, vuélvalo a poner al horno y cocine durante 40 minutos o hasta que se dore.

150 g (5 oz) de pasta filo

25 g (1½ cucharada) de margarina derretida

900 g (2 lb) de manzanas de cocinar peladas y troceadas

30 g (2 cucharadas) de azúcar moreno

30 g (2 cucharadas) de pasas

Una pizca de nuez moscada

Para recubrir

90 g (6 cucharadas) de harina blanca

50 g (2 oz) de gachas de avena

50 g (2 oz) de azúcar moreno

30 g (2 cucharadas) de margarina baja en calorías

HECHOS NUTRICIONALES	
Tamaño de servir 1 (161 g)	
Calorías 247	Calorías procedentes de grasas 63
	% Valor diario
Total de grasas 7 g	11%
Grasas saturadas 1 g	6%
Grasas monoinsaturadas 2,5 g	0%
Grasas poliinsaturadas 2,3 g	0%
Colesterol 0 mg	0%
Sodio 149 mg	6%
Total carbohidratos 45 g	15%
Fibra dietética 4 g	16%
Azúcares 11 g	0%
Proteínas 3 g	0%

El tanto por ciento del valor diario se basa en una dieta de 2.000 calorías.

225 g (½ lb) de plátanos congelados y troceados

15 ml (1 cucharada) de zumo de limón

90 g (6 cucharadas) de azúcar glasé

150 ml (¼ pint) de yogur natural bajo en calorías

El zumo de 1 limón

Pequeños merengues para servir (opcional)

HECHOS NUTRICIONALES

Tamaño de servir 1 (115 g)

Calorías 114	Calorías procedentes de grasas 9

	% Valor diario
Total de grasas 1 g	1%
Grasas saturadas 0 g	2%
Grasas monoinsaturadas 0,2 g	0%
Grasas poliinsaturadas 0,0 g	0%
Colesterol 2 mg	1%
Sodio 27 mg	1%
Total carbohidratos 32 g	11%
Fibra dietética 1 g	6%
Azúcares 20 g	0%
Proteínas 3 g	0%

El tanto por ciento del valor diario se basa en una dieta de 2.000 calorías.

Para el mousse

300 ml (½ pint) de yogur natural bajo en calorías

150 ml (¼ pint) de leche desnatada

Queso o crema de queso bajo en calorías

5 ml (1 cucharadita) de vainilla

60 g (4 cucharadas) de azúcar vainillado

15 ml (1 cucharada) de jerez

15 g (1 cucharadita) de gelatina vegetariana

2 claras de huevo grandes

Para la salsa

300 g (1¾ cups) de frambuesas

El zumo de una naranja

25 g (1 oz) de azúcar glasé

HECHOS NUTRICIONALES

Tamaño de servir 1 (248 g)

Calorías 373	Calorías procedentes de grasas 9

	% Valor diario
Total de grasas 1 g	2%
Grasas saturadas 1 g	4%
Grasas monoinsaturadas 0,3 g	0%
Grasas poliinsaturadas 0,2 g	0%
Colesterol 4 mg	1%
Sodio 82 mg	17%
Total carbohidratos 51 g	6%
Fibra dietética 3 g	11%
Azúcares 22 g	0%
Proteínas 10 g	0%

El tanto por ciento del valor diario se basa en una dieta de 2.000 calorías.

HELADO DE PLÁTANO

4 RACIONES

Realmente, un falso helado. Realizado a base de plátanos congelados y yogur natural, el tiempo de congelación de esta receta se reduce muchísimo.

≈ Prepare el congelador a modo rápido. Ponga los plátanos congelados en una batidora con el jugo de limón, el azúcar glasé y el yogur. Bátalo durante un minuto o hasta que quede suave. Vierta la cáscara de limón.

≈ Ponga la mezcla en un cuenco apto para el congelador y déjelo ahí durante 2 horas. Repártalo en platos y sírvalo acompañado de pequeños merengues.

MOUSSE DE VAINILLA

4 RACIONES

Esta mousse ligera y esponjosa sabe tan bien como parece. Partida y servida con salsa de frambuesa es el sueño de cualquier persona que haga dieta.

≈ Ponga el yogur, queso, vainilla, azúcar y jerez en una batidora y lícuelo durante 30 segundos hasta que se suavice. Póngalo en un cuenco de mezclar.

≈ Espolvoree la gelatina en 60 ml (4 cucharadas) de agua fría. Vierta hasta que se disuelva y caliéntelo hasta que empiece a hervir durante 2 minutos. Deje enfriar y vierta el yogur. Bata las claras de huevo a punto de nieve y échelas a la mousse.

≈ Ponga la mezcla preparada en un cuenco de 900 ml (1½ pint) y déjelo enfriar durante 2 horas.

≈ Mientras tanto, ponga los ingredientes de la salsa en una batidora y licue hasta que quede cremoso y suave. Páselo por un colador y tire las semillas. Desmolde la mousse en un plato, pártalo y sírvalo con la salsa.

Mousse de vainilla ▶

PASTEL DE QUESO Y ARÁNDANOS

6 RACIONES

A este pastel de queso, un delicioso muesli y una base de higos secos, en vez de galletas y mantequilla, aportan una base rica y crujiente al suave relleno.

Para la base

115 g (4 oz) de muesli

150 g (5 oz) de higos secos

Para el relleno

5 g (1 cucharadita) de gelatina vegetariana

125 ml (4 fl oz) de leche desnatada

1 huevo

90 g (6 cucharadas) de azúcar extrafino

450 g (1 lb) de queso bajo en calorías

50 g (2 oz) de arándanos

Para recubrir

225 g (8 oz) de arándanos

2 nectarinas peladas y troceadas

30 ml (2 cucharadas) de miel

≈ Ponga el muesli y los higos secos en una batidora y lícuelos durante 30 segundos. Coja un molde de unos 20 cm (8 in), vierta la mezcla de los higos y el muesli presionándolos, y déjelo enfriar mientras prepara el relleno.

≈ Esparza la gelatina en 60 ml (4 cucharadas) de agua fría. Remueva hasta que se disuelva y caliente hasta que empiece a hervir durante 2 minutos. Dejar enfriar. Ponga la leche, el huevo, el azúcar y el queso en una batidora y lícuelo hasta que espese. Añada las moras. Póngalo en un cuenco de mezclar y vierta gradualmente la gelatina disuelta. Ponga esta mezcla en la base de higos y déjela enfriar durante 2 horas.

≈ Quite el pastel de queso de la olla y decórelo con frutas por encima. Vierta la miel por toda la fruta y sírvalo.

HECHOS NUTRICIONALES	
Tamaño de servir 1 (238 g)	
Calorías 215	Calorías procedentes de grasas 18
	% Valor diario
Total de grasas 2 g	3%
Grasas saturadas 1 g	4%
Grasas monoinsaturadas 0,6 g	0%
Grasas poliinsaturadas 0,2 g	0%
Colesterol 39 mg	13%
Sodio 333 mg	14%
Total carbohidratos 40 g	13%
Fibra dietética 3 g	13%
Azúcares 44 g	0%
Proteínas 13 g	0%

El tanto por ciento del valor diario se basa en una dieta de 2.000 calorías.

FLAN AL CARAMELO

4 RACIONES

Ésta receta utiliza dos huevos enteros, por lo que debe ser servido después de un plato principal que no lleve huevos, para equilibrar el contenido de grasas y calorías.

5 g (2 cucharaditas) de azúcar extrafino

2 huevos batidos

300 ml (½ pint) de leche desnatada

2,5 ml (½ cucharadita) de vainilla

Una pizca de canela molida

≈ Disuelva los 115 g (4 oz) de azúcar en una olla con 150 ml (¼ pint) de agua fría. Caliéntelo hasta que empiece a hervir y cocer rápidamente hasta que la mezcla empiece a ponerse marrón. Viértala en la base de 4 ramequines de 150 ml (¼ pint).

≈ Bata el azúcar restante con los huevos en un cuenco. Caliente la leche con la vainilla y la canela hasta que hierva, y combínelo con la mezcla de huevos.

≈ Vierta esta mezcla en los cuatro ramequines o moldes. Tápelos y póngalos en el horno a 180 °C (350 °F, gas 4) durante 50 minutos. Retírelos del horno e introdúzcalos en la nevera durante una hora. Póngalo en platos individuales y sirva inmediatamente.

HECHOS NUTRICIONALES	
Tamaño de servir 1 (130 g)	
Calorías 171	Calorías procedentes de grasas 18
	% Valor diario
Total de grasas 2 g	4%
Grasas saturadas 1 g	4%
Grasas monoinsaturadas 1,0 g	0%
Grasas poliinsaturadas 0,3 g	0%
Colesterol 106 mg	35%
Sodio 71 mg	3%
Total carbohidratos 32 g	10%
Fibra dietética 0 g	0%
Azúcares 30 g	0%
Proteínas 6 g	0%

El tanto por ciento del valor diario se basa en una dieta de 2.000 calorías.

Pastel de queso y arándanos ▶

4 ciruelas picadas

250 ml (8 fl oz) de crema baja en calorías

250 ml (8 fl oz) de yogur bajo en calorías

2,5 g (½ cucharadita) de jengibre molido

60 g (4 cucharadas) de azúcar moreno

HECHOS NUTRICIONALES

Tamaño de servir 1 (479 g)

Calorías 344	Calorías procedentes de grasas 27
	% Valor diario
Total de grasas 3 g	4%
Grasas saturadas 1 g	4%
Grasas monoinsaturadas 1,4 g	0%
Grasas poliinsaturadas 0,4 g	0%
Colesterol 4 mg	1%
Sodio 86 mg	4%
Total carbohidratos 74 g	25%
Fibra dietética 4 g	14%
Azúcares 46 g	0%
Proteínas 8 g	0%

El tanto por ciento del valor diario se basa en una dieta de 2.000 calorías.

---

30 g (2 cucharadas) de margarina baja en calorías

30 g (2 cucharadas) de azúcar moreno

2 claras de huevo

50 g (2 oz) de harina blanca

4 g (¾ de cucharadita) de levadura

90 ml (6 cucharadas) de leche desnatada

5 ml (1 cucharadita) de café

2,5 g (½ cucharadita) de cacao amargo

Para la salsa de café

300 ml (½ pint) de leche desnatada

15 g (1 cucharada) de azúcar moreno

5 ml (1 cucharadita) de café

5 ml (1 cucharadita) de licor de café (opcional)

30 g (2 cucharadas) de harina de maíz

HECHOS NUTRICIONALES

Tamaño de servir 1 (154 g)

Calorías 199	Calorías procedentes de grasas 54
	% Valor diario
Total de grasas 6 g	9%
Grasas saturadas 1 g	6%
Grasas monoinsaturadas 2,6 g	0%
Grasas poliinsaturadas 1,9 g	0%
Colesterol 2 mg	1%
Sodio 241 mg	10%
Total carbohidratos 29 g	10%
Fibra dietética 1 g	2%
Azúcares 12 g	0%
Proteínas 7 g	0%

El tanto por ciento del valor diario se basa en una dieta de 2.000 calorías.

BRÛLÉE DE CIRUELAS Y JENGIBRE

4 RACIONES

Las ciruelas y el jengibre son una buena combinación en esta receta de brûlée; el jengibre aporta el toque picante ideal para complementar a las ciruelas.

≈ Ponga las ciruelas en la base de cuatro moldes de 150 ml (1/4 pint). Bata la crema y añada el yogur y el jengibre molido. Viértalo sobre la fruta y déjelo enfriar durante 2 horas.

≈ Espolvoree con el azúcar moreno la mezcla del yogur y póngalo al grill durante 5 minutos o hasta que se haya disuelto el azúcar. Déjelo enfriar durante 20 minutos antes de servir.

ESPONJAS DE CAPPUCCINO

4 RACIONES

Estos esponjosos pudines individuales son deliciosos si se sirven con la salsa de café baja en calorías. Ideales para cenas de fiesta, parecen más delicados y atractivos que un pudín grande.

≈ Unte cuatro moldes de 150 ml (¼ pint) individuales. Ponga la margarina y el azúcar en un cuenco y añada las claras de huevo. Vierta la harina y la levadura y remueva con una cuchara. Añada poco a poco la leche desnatada, el café y el cacao.

≈ Reparta en cantidades iguales la mezcla resultante en cada molde. Cúbralos con papel impermeable doblado, a continuación de aluminio y átelos con cuerda. Coloque todos los moldes juntos en una olla grande con suficiente agua hirviendo; tápelo y cocínelo durante 30 minutos o hasta que esté hecho por igual.

≈ Mientras tanto, vierta la leche, el azúcar, el café y el licor de café en un cazo para hacer la salsa. Añada la harina de maíz con 60 ml (4 cucharadas) de agua fría y viértala en el cazo. Hervir y remover hasta que espese. Reduzca el fuego y cocine durante 2-3 minutos.

≈ Con cuidado saque los moldes del cazo y sírvalos en platos individuales. Añada la salsa con una cuchara por todo alrededor y sirva.

Brûlée de ciruelas y jengibre ▶

TOSTADAS DE CANELA

4 RACIONES

Esta receta se basa en un desayuno clásico. Aquí la canela se añade a la leche y huevo para aportar un gusto especiado a la receta.

4 rebanadas grandes de pan cortadas de forma triangular sin corteza

150 ml (¼ pint) de leche desnatada

5 g (1 cucharadita) de canela molida

1 huevo batido

2 naranjas peladas cortadas por la mitad y en trozos

2 kiwis pelados y cortados muy finos

20 g (4 cucharaditas) de azúcar moreno

Para la salsa de yogur

150 ml (¼ pint) de yogur natural bajo en calorías

10 ml (2 cucharaditas) de miel

Una pizca de canela molida

Canela para adornar

HECHOS NUTRICIONALES	
Tamaño de servir 1 (228 g)	
Calorías 198	Calorías procedentes de grasas 27
	% Valor diario
Total de grasas 3 g	5%
Grasas saturadas 1 g	6%
Grasas monoinsaturadas 1,1 g	0%
Grasas poliinsaturadas 0,5 g	0%
Colesterol 56 mg	18%
Sodio 195 mg	8%
Total carbohidratos 36 g	12%
Fibra dietética 4 g	17%
Azúcares 20 g	0%
Proteínas 8 g	0%

El tanto por ciento del valor diario se basa en una dieta de 2.000 calorías.

≈ Ponga el pan en un plato no muy hondo. Mezcle la leche, la canela y los huevos, y vuélquelo sobre el pan. Déjelo reposar durante 30 minutos.

≈ Retire el pan del plato y cocínelo al grill durante 4-5 minutos. Déle la vuelta al pan y cocínelo durante 2 minutos más.

≈ Ponga las láminas de fruta por encima del pan de forma alternada y espolvoréelas con una cucharada de azúcar. Hornear durante 3 minutos o hasta que el azúcar se empiece a disolver.

≈ Mezcle todos los ingredientes del yogur, espolvoréelo con canela y sírvalo con las tostadas calientes de canela.

MANZANAS ASADAS

4 RACIONES

Las manzanas asadas son un delicioso postre en temporada de invierno. En esta receta se han usado frutas secas y azúcar baja en calorías como alternativa.

≈ Lave las manzanas, séquelas y quíteles el corazón. Mézclelo todo con las pasas, albaricoques, dátiles, margarina, azúcar y jugo de limón. Ponga una cucharada de la mezcla anterior en el vacío del corazón de las manzanas. Quíteles la piel y póngalas en un plato que se pueda cocinar al horno. Hornear a 180 °C (350 °F, gas 4) durante 45 minutos o hasta que se cocinen.

≈ Mientras tanto, mezcle el yogur, la miel y el jugo de limón. Saque las manzanas del plato y sírvalas con el yogur.

4 manzanas de cocinar

45 g (3 cucharadas) de pasas

30 g (2 cucharadas) de albaricoques troceados finamente

45 g (3 cucharadas) de salsa de caramelo

40 g (1½ oz) de dátiles picados y secos

15 g (1 cucharada) de margarina baja en calorías

30 g (2 cucharadas) de azúcar moreno

El jugo de 1 limón

Para la salsa del yogur

150 ml (¼ pint) de yogur natural bajo en calorías

10 ml (2 cucharaditas) de miel

La cáscara rallada de ¼ de limón

HECHOS NUTRICIONALES	
Tamaño de servir 1 (219 g)	
Calorías 233	Calorías procedentes de grasas 36
	% Valor diario
Total de grasas 4 g	6%
Grasas saturadas 1 g	5%
Grasas monoinsaturadas 1,4 g	0%
Grasas poliinsaturadas 1,1 g	0%
Colesterol 2 mg	1%
Sodio 64 mg	3%
Total carbohidratos 50 g	17%
Fibra dietética 5 g	18%
Azúcares 43 g	0%
Proteínas 3 g	0%

El tanto por ciento del valor diario se basa en una dieta de 2.000 calorías.

PERAS ESCALFADAS

4 RACIONES

Estas peras enteras se cocinan con alcohol y azúcar para darles un sabor delicioso, además de color. Sírvalas con yogur bajo en calorías, si lo prefiere.

≈ Ponga las peras en un cazo con el vermú, 150 ml (¼ pint) de agua, el azúcar y la grosella negra. Tápelo y cocínelo durante 10 minutos aproximadamente, removiendo alguna vez.

≈ Vierta las moras y cocínelo durante 5 minutos más. Póngalo en platos de servir y déjelo que se enfríe hasta el momento de servir.

4 peras peladas

150 ml (¼ pint) de vermú

30 g (2 cucharadas) de azúcar extrafino

15 ml (1 cucharada) de cassis

50 g (2 oz) de arándanos

HECHOS NUTRICIONALES	
Tamaño de servir 1 (198 g)	
Calorías 148	Calorías procedentes de grasas 9
	% Valor diario
Total de grasas 1 g	1%
Grasas saturadas 0 g	0%
Grasas monoinsaturadas 0,1 g	0%
Grasas poliinsaturadas 0,2 g	0%
Colesterol 0 mg	0%
Sodio 1 mg	0%
Total carbohidratos 35 g	12%
Fibra dietética 4 g	18%
Azúcares 25 g	0%
Proteínas 1 g	0%

El tanto por ciento del valor diario se basa en una dieta de 2.000 calorías.

GALLETAS, BIZCOCHOS Y PANECILLOS FAVORITOS

115 g (4 oz) más 30 ml (2 cucharadas)
 de salsa de manzana

75 g (3 oz) más 30 g (2 cucharadas) de
 azúcar moreno

45 ml (3 cucharadas) de leche desnatada

175 g (6 oz) de harina blanca

25 g (1 oz) de cereales all bran

10 g (2 cucharaditas) de levadura química

5 g (1 cucharadita) de canela molida

30 ml (2 cucharadas) de miel

150 g (5 oz) de manzanas peladas y
 troceadas

2 claras de huevos

Trozos de manzanas y 15 ml
 (1 cucharada) de miel para decorar

HECHOS NUTRICIONALES

Tamaño de servir 1 (70 g)

Calorías 137	Calorías procedentes de grasas 0
	% Valor diario
Total de grasas 0 g	0%
Grasas saturadas 0 g	0%
Grasas monoinsaturadas 0,0 g	0%
Grasas poliinsaturadas 0,1 g	0%
Colesterol 0 mg	0%
Sodio 120 mg	5%
Total carbohidratos 32 g	11%
Fibra dietética 2 g	7%
Azúcares 16 g	0%
Proteínas 3 g	0%

El tanto por ciento del valor diario se basa en
una dieta de 2.000 calorías.

225 g (8 oz) de harina de pan blanco

2,5 g (½ cucharadita) de sal

15 g (1 cucharada) de margarina baja en
 calorías

15 g (1 cucharada) de azúcar extrafino

75 g (3 oz) de pasas

25 g (1 oz) de nueces picadas

10 g (2 cucharaditas) de levadura

75 ml (5 cucharadas) de leche desnatada

15 ml (1 cucharada) de miel

HECHOS NUTRICIONALES

Tamaño de servir 1 (44 g)

Calorías 139	Calorías procedentes de grasas 18
	% Valor diario
Total de grasas 2 g	4%
Grasas saturadas 0 g	2%
Grasas monoinsaturadas 0,7 g	0%
Grasas poliinsaturadas 1,1 g	0%
Colesterol 0 mg	0%
Sodio 113 mg	5%
Total carbohidratos 26 g	9%
Fibra dietética 1 g	5%
Azúcares 8 g	0%
Proteínas 4 g	0%

El tanto por ciento del valor diario se basa en
una dieta de 2.000 calorías.

PASTEL DE MANZANA CON FIBRA

12 RACIONES

*Los trozos de manzana dan textura al relleno del pastel. Decore con trozos de manzana
justo antes de servir o úntelo con el zumo de un limón si quiere guardar el pastel.*

≈ Engrase un molde redondo de 20 cm de pastel.

≈ Ponga la salsa de manzana en un cuenco con el azúcar y la leche. Añada la harina, los cereales, levadura, canela, miel y manzanas. Bata las claras de los huevos hasta el punto de nieve y júntelo a la mezcla anterior.

≈ Ponga esta mezcla en el molde de 20 cm y hornear a 150 °C (300 °F, gas 2) durante 1¼-1½ horas o hasta que esté cocinado por igual. Déjelo enfriar durante 10 minutos. Ponga los trozos de manzana por encima y báñelos con miel.

PAN DE FRUTAS Y NUECES

12 RACIONES

*Este es un pan de frutas dulce, al contrario que el bizcocho de té. Si lo desea,
extienda trozos del pan con un poco de margarina baja en calorías para servir.*

≈ Ponga la harina y la sal en un cuenco. Extienda la margarina y entonces vierta el azúcar, las pasas, las nueces y la levadura. Ponga la leche en un cazo con 75 ml (5 cucharadas) de agua y caliéntelo pero sin que llegue a hervir. Añada este líquido al cuenco de azúcar y demás, hasta formar una pasta.

≈ Ponga la pasta en una superficie con harina y alise la pasta con un rodillo durante 5-7 minutos hasta que quede elástica y suave. Déle forma redonda a la pasta y póngala en un molde que no se pegue y se pueda llevar al horno. Trace líneas diagonales en lo alto del pan, trabajando de izquierda a derecha. Y repita las diagonales hacia el otro lado para formar diamantes. Tápelo y póngalo en algún lugar seco durante una hora o hasta que se doble de tamaño.

≈ Llévelo al horno a 220 °C (425 °F, gas 7) durante 35 minutos o hasta que esté totalmente hecho. Extienda miel por encima, deje enfriar y sírvalo.

Pastel de manzana con fibra ▶

3 huevos

90 g (6 cucharadas) de azúcar

25 g (1 oz) de harina

Unas gotas de colorante de color rosa

Unas gotas de colorante de color amarillo

Para el relleno

225 g (8 oz) de queso bajo en calorías como el requesón o crema de queso

30 g (2 cucharadas) de azúcar glasé

HECHOS NUTRICIONALES

Tamaño de servir 1 (28 g)	
Calorías 74	Calorías procedentes de grasas 9
	% Valor diario
Total de grasas 1 g	2%
Grasas saturadas 0 g	2%
Grasas monoinsaturadas 0,5 g	0%
Grasas poliinsaturadas 0,2 g	0%
Colesterol 53 mg	18%
Sodio 115 mg	5%
Total carbohidratos 13 g	4%
Fibra dietética 0 g	1%
Azúcares 7 g	0%
Proteínas 2 g	0%

El tanto por ciento del valor diario se basa en una dieta de 2.000 calorías.

450 g (1 lb) de harina blanca

Una pizca de sal

15 g (1 cucharada) de jengibre molido

15 g (1 cucharada) de levadura química

5 ml (1 cucharadita) de bicarbonato sódico

175 g (6 oz) de azúcar moreno

185 g (6½ oz) de melaza

150 ml (5 fl oz) de jarabe dorado

115 g (4 oz) de ciruelas secas

300 ml (½ pint) de leche desnatada

1 clara de huevo

Azúcar glasé para espolvorear.

2 tallos de jengibre picado

HECHOS NUTRICIONALES

Tamaño de servir 1 (107 g)	
Calorías 267	Calorías procedentes de grasas 0
	% Valor diario
Total de grasas 0 g	1%
Grasas saturadas 0 g	0%
Grasas monoinsaturadas 0,0 g	0%
Grasas poliinsaturadas 0,1 g	0%
Colesterol 0 mg	0%
Sodio 231 mg	10%
Total carbohidratos 62 g	21%
Fibra dietética 2 g	6%
Azúcares 23 g	0%
Proteínas 4 g	0%

El tanto por ciento del valor diario se basa en una dieta de 2.000 calorías.

PASTEL DE ÁNGEL

12 RACIONES

Aunque parezca complicada, esta receta es muy fácil de hacer. Asegúrese de tratar la mezcla gentilmente para que no se escape el aire.

≈ Forre con papel antiadherente de 900 g (2 lb) tres moldes de bizcocho. Bata los huevos y el azúcar en un cuenco grande hasta que espese. Ponga la harina en la mezcla y mézclela poco a poco y con cuidado.

≈ Divida la mezcla en tres cantidades iguales y colóquela en cuencos diferentes. Añada algunas gotas de colorante rosa en un cuenco y remueva. Añada varias gotas de colorante amarillo en otro cuenco y remueva.

≈ Ponga la mezcla rosa en una bandeja, la amarilla en otra y la mezcla de las dos en otra. Hornear a 200 °C (400 °F, gas 6) durante 10 minutos y luego sacarlo y dejar que se enfríe.

≈ Arregle los lados de cada pastel. Mezcle todos los ingredientes del relleno. Ponga el pastel amarillo en una tabla de cortar y extienda la mitad del relleno por encima.

≈ Ponga el pastel rosa encima y extienda con el relleno restante. A continuació ponga arriba el pastel blanco. Espolvoree con azúcar glasé, haga los trozos y sirva.

PAN DE JENGIBRE

16 RACIONES

En este pastel clásico se usa leche desnatada, ciruelas y clara de huevo para reducir su contenido de grasas. Para tener un sabor extra especiado, añada 15 g de ajo molido a la mezcla, además del jengibre.

≈ Engrase una bandeja de 23 cm (9 in) cuadrada. En un cuenco grande ponga harina, sal, jengibre, harina de maíz y soda.

≈ En un cazo, introduzca el azúcar, la melaza y el jarabe hasta que se disuelvan. Bata las ciruelas con una batidora y 45 ml (3 cucharadas) de agua durante 30 segundos, hasta que se haga un puré. Añada la leche a la mezcla de azúcar y viértala junto a los ingredientes secos con las ciruelas. Bata la clara de huevo hasta el punto de nieve y añádala junto al resto de la mezcla; póngalo todo en la bandeja.

≈ Hornear a 160 °C (325 °F, gas 3) durante 55 minutos-1 hora. Déjelo enfriar durante 10 minutos. Saque el pastel del molde y déjelo que se enfríe del todo. Corte en dieciséis trozos. Espolvoree con azúcar glasé y con el jengibre picado.

Pan de jengibre ▶

GALLETAS DE AVENA Y NARANJA

20 GALLETAS

Es difícil resistirse a estas pequeñas galletas. Enrolladas en avena, tienen un envoltorio crujiente y más suave por dentro, con sabor de naranja.

40 g (3 cucharadas) de margarina baja en calorías

40 g (1½ oz) de azúcar moreno

1 clara de huevo batida

30 ml (2 cucharadas) de leche desnatada

45 g (3 cucharadas) de pasas

El zumo de 1 naranja

150 g (5 oz) de harina

40 g (1½ oz) de copos de avena

Tiras de cáscara de naranja para adornar

≈ Ponga la margarina y el azúcar juntos hasta que queden blandos. Añada la clara de huevo, pasas y zumo de naranja, así como la harina, y forme una masa. Enróllela en veinte trozos iguales.

≈ Ponga la avena en un plato no muy hondo, enrolle cada bola de masa en los copos de avena y ponga las galletas en una bandeja antiadherente, dejando espacios entre ellas. Alise cada círculo suavemente.

≈ Hornear a 180 °C (350 °F, gas 4) durante 15 minutos aproximadamente o hasta que se doren. Déjelas enfriar, decórelas y sírvalas.

HECHOS NUTRICIONALES	
Tamaño de servir 1 (20 g)	
Calorías 69	Calorías procedentes de grasas 18
	% Valor diario
Total de grasas 2 g	3%
Grasas saturadas 0 g	2%
Grasas monoinsaturadas 0,8 g	0%
Grasas poliinsaturadas 0,6 g	0%
Colesterol 0 mg	0%
Sodio 124 mg	5%
Total carbohidratos 12 g	4%
Fibra dietética 1 g	2%
Azúcares 4 g	0%
Proteínas 1 g	0%

El tanto por ciento del valor diario se basa en una dieta de 2.000 calorías.

PAN DE MIEL Y PASAS

16 RACIONES

Este pan contiene una proporción alta de yogur, lo que le hace tener el centro blanco.

≈ Mezcle la harina, harina de maíz, bicarbonato y sal en un cuenco grande. Bata juntos el yogur y las claras de huevo y mézclelo con la mezcla anterior, junto con las pasas y la miel.

≈ Engrase una bandeja de 900 g (2 lb) y vierta la mezcla resultante. Hornear a 220 °C (425 °F, gas 7) durante 20 minutos hasta que se dore. Déjelo enfriar, sáquelo de la bandeja y sírvalo templado.

250 g (9 oz) de harina blanca

7,5 g (1 ½ cucharadita) de levadura en polvo

2,5 g (½ cucharadita) de bicarbonato de soda

2,5 g (½ cucharadita) de sal

425 ml (14 fl oz) de yogur natural bajo en calorías

2 claras de huevo

40 g (1 ½ oz) de pasas

30 ml (2 cucharadas) de miel

Margarina baja en calorías para engrasar

HECHOS NUTRICIONALES	
Tamaño de servir 1 (53 g)	
Calorías 102	Calorías procedentes de grasas 9
	% Valor diario
Total de grasas 1 g	1%
Grasas saturadas 0 g	2%
Grasas monoinsaturadas 0,2 g	0%
Grasas poliinsaturadas 0,1 g	0%
Colesterol 2 mg	1%
Sodio 141 mg	6%
Total carbohidratos 20 g	7%
Fibra dietética 1 g	2%
Azúcares 6 g	0%
Proteínas 4 g	0%

El tanto por ciento del valor diario se basa en una dieta de 2.000 calorías.

DULCES DE CHOCOLATE

16 RACIONES

¿Dulces de chocolate en un libro de comida baja en calorías? Saben igual que los dulces reales, pero tienen una textura diferente. Déjelos en una bolsa cerrados, si puede resistirlo.

≈ Engrase un molde de pastel cuadrado de 18 cm (7 in).

≈ Bata las ciruelas en una batidora con 45 ml (3 cucharadas) de agua hasta que se quede como un puré y póngalo en un cuenco de mezcla y vierta en él el azúcar, el cacao, la harina y la harina de maíz. Bata las claras de huevo hasta el punto de nieve y a continuación échelo después al cuenco de mezcla.

≈ Vierta la mezcla en la bandeja y póngala al horno a 180 °C (350 °F, gas 4) durante una hora o hasta que estén hechos. Deje que se enfríen durante 10 minutos y luego desmóldelos, dejándolos enfriar completamente. Córtelos en dieciséis cuadrados, espolvoréelos con azúcar glasé y sírvalos.

Ingredientes (Dulces de chocolate)

115 g (4 oz) de ciruelas secas

115 g (4 oz) de azúcar moreno

45 g (3 cucharadas) de cacao sin leche

50 g (2 oz) de harina blanca

5 g (1 cucharadita) de levadura en polvo

3 claras de huevo

Azúcar glasé para espolvorear

HECHOS NUTRICIONALES

Tamaño de servir 1 (36 g)	
Calorías 90	Calorías procedentes de grasas 0

	% Valor diario
Total de grasas 0 g	0%
Grasas saturadas 0 g	0%
Grasas monoinsaturadas 0,0 g	0%
Grasas poliinsaturadas 0,0 g	0%
Colesterol 0 mg	0%
Sodio 45 mg	2%
Total carbohidratos 22 g	7%
Fibra dietética 1 g	3%
Azúcares 17 g	0%
Proteínas 1 g	0%

El tanto por ciento del valor diario se basa en una dieta de 2.000 calorías.

PAN DE SEMILLAS

12 RACIONES

Las semillas en este tipo de pan le añaden textura. Fácil de comer, se divide en seis porciones que se cortan simplemente a la hora de servirlas.

≈ Ponga levadura, harina, azúcar y sal en un cuenco grande. Extienda la margarina y añada la mitad de cada una de las semillas. Vierta en él 300 ml (½ pint) de agua y mezcle bien hasta formar una masa blanda. Extienda esta masa con un rodillo en una superficie lisa con harina y pártala en seis trozos iguales.

≈ Coja un molde redondo de unos 15 cm (6 in). Con la masa haga seis círculos. Coloque cinco trozos alrededor del molde y uno en el centro. Tápelo y déjelo en algún lugar cálido durante una hora aproximadamente hasta que crezca el doble de tamaño.

≈ Bata la clara de huevo y extiéndala por encima de la masa. Espolvoree las semillas restantes por encima de la masa, alternando los diferentes tipos en cada trozo del molde.

≈ Hornear a 200 °C (400 °F, gas 6) durante 30 minutos o hasta que esté cocinado por igual. El molde debe sonar hueco cuando se golpee la base. Enfriar y servir.

Ingredientes (Pan de semillas)

1 sobre de levadura

450 g (1lb) de harina integral

10 g (2 cucharaditas) de azúcar extrafino

10 g (2 cucharadita) de sal

30 g (2 cucharadas) de margarina baja en calorías

10 g (2 cucharadita) de semillas de alcaravea

10 g (2 cucharadita) de semillas de hinojo

10 g (2 cucharadita) de semillas de sésamo

1 clara de huevo

HECHOS NUTRICIONALES

Tamaño de servir 1 (48 g)	
Calorías 161	Calorías procedentes de grasas 27

	% Valor diario
Total de grasas 3 g	5%
Grasas saturadas 1 g	3%
Grasas monoinsaturadas 1,0 g	0%
Grasas poliinsaturadas 0,9 g	0%
Colesterol 0 mg	0%
Sodio 418 mg	17%
Total carbohidratos 30 g	10%
Fibra dietética 5 g	21%
Azúcares 1 g	0%
Proteínas 6 g	0%

El tanto por ciento del valor diario se basa en una dieta de 2.000 calorías.

Pan de semillas ▶

PAN DE HIERBAS CON QUESO

8 RACIONES

Este tipo de pan se sirve mejor caliente, recién salido del horno, para obtener el sabor completo de las hierbas y el queso.

1 sobre de levadura

675 g (1½ lb) de harina de pan blanco

5 g (1 cucharadita) de sal

5 g (1 cucharadita) de azúcar extrafino

15 g (½ oz) de margarina baja en calorías

45 g (3 cucharadas) de perejil picado fresco

75 g (3 oz) de queso rallado bajo en calorías

1 clara de huevo

HECHOS NUTRICIONALES

Tamaño de servir 1 (98 g)

Calorías 336	Calorías procedentes de grasas 27
	% Valor diario
Total de grasas 3 g	5%
Grasas saturadas 1 g	3%
Grasas monoinsaturadas 0,8 g	0%
Grasas poliinsaturadas 1,0 g	0%
Colesterol 1 mg	0%
Sodio 327 mg	14%
Total carbohidratos 63 g	21%
Fibra dietética 3 g	10%
Azúcares 1 g	0%
Proteínas 12 g	0%

El tanto por ciento del valor diario se basa en una dieta de 2.000 calorías.

≈ Ponga levadura, harina, sal y azúcar en un cuenco de mezclar grande. Extienda en él la margarina. Añada las hierbas y el queso y viértalo en 475 ml (16 fl oz) de agua hasta formar una masa suave. Con un rodillo estire esta masa en una superficie plana y con harina, durante 5-7 minutos, hasta que quede lisa y suave.

≈ Divida la mezcla en tres porciones iguales. Enrolle cada porción en forma de salchicha de unos 35 cm (14 in). Ponga las masas una encima de otra y ponga el pan en una bandeja antiadherente; tápelo y déjelo durante una hora hasta que haya aumentado de tamaño.

≈ Ligeramente, bata la clara de huevo y espolvoréela por encima del pan. Hornear a 200 °C (400 °F, gas 6) durante 30 minutos o hasta que esté totalmente cocinado. El molde debe sonar hueco cuando se golpee. Servir.

PAN INTEGRAL

12 RACIONES

Este pan sin levadura se basa en una receta irlandesa tradicional. Hecho con harina integral, es saciante e ideal para acompañar sopas.

175 g (6 oz) de harina blanca

175 g (6 oz) de harina integral

10 g (2 cucharaditas) de bicarbonato sódico

10 g (2 cucharaditas) de cremor tártaro

2,5 g (½ cucharadita) de sal

30 g (2 cucharadas) de margarina baja en calorías

350 ml (12 fl oz) de leche desnatada

2 claras de huevo

HECHOS NUTRICIONALES

Tamaño de servir 1 (71 g)

Calorías 139	Calorías procedentes de grasas 18
	% Valor diario
Total de grasas 2 g	4%
Grasas saturadas 0 g	2%
Grasas monoinsaturadas 0,9 g	0%
Grasas poliinsaturadas 0,8 g	0%
Colesterol 1 mg	0%
Sodio 355 mg	15%
Total carbohidratos 25 g	8%
Fibra dietética 2 g	9%
Azúcares 2 g	0%
Proteínas 5 g	0%

El tanto por ciento del valor diario se basa en una dieta de 2.000 calorías.

≈ Untar una bandeja con margarina y harina. Tamice las harinas, el bicarbonato, el cremor tártaro y la sal en un cuenco. Añada los contenidos del tamiz al cuenco.

≈ Extienda la margarina y mezcle la leche y las claras batidas para formar una masa. Póngala en un molde circular y espolvoreado con harina. Haga cuatro triángulos con el cuchillo y póngalos en una bandeja. Hornear a 220 °C (425 °F, gas 7) durante 30 minutos o hasta que esté hecho del todo. Sírvalo caliente.

Pan integral ▶

PASTEL DE PERAS

8 RACIONES

En esta receta los trozos de pera están bañados de caramelo y cubiertos de una pasta esponjosa especiada. Una vez cocinadas, sáquelas y sírvalas inmediatamente con yogur natural.

≈ Caliente la miel y el azúcar en un cazo hasta que se derritan. Viértalo en un molde metálico redondo de unos 20 cm (8 in). Adorne las peras alrededor del molde.
≈ Extienda la margarina y el azúcar todo junto hasta que quede ligero y blando. Bata las claras de huevo hasta el punto de nieve y añádalo a la mezcla con la harina y el «ground allspice». Espárzalo sobre las peras.

≈ Hornear a 180 °C (350 °F, gas 4) durante 50 minutos o hasta que esté dorado. Déjelo durante 5 minutos y póngalo en platos de servir.
≈ Decore con nueces, pero recuerde que las nueces tienen muchas calorías y es mejor guardarlas para ocasiones especiales.

Ingredientes

30 ml (2 cucharadas) de miel

30 g (2 cucharadas) de azúcar moreno

2 peras grandes peladas y sin corazón

60 g (4 cucharadas) de margarina baja en calorías

50 g (2 oz) de azúcar extrafino

3 claras de huevo

115 g (4 oz) de harina de fuerza

10 g (2 cucharaditas) de ground allspice (canela, clavo y nuez moscada)

HECHOS NUTRICIONALES

Tamaño de servir 1 (92 g)

Calorías 190	Calorías procedentes de grasas 54

	% Valor diario
Total de grasas 6 g	9%
Grasas saturadas 1 g	6%
Grasas monoinsaturadas 2,6 g	0%
Grasas poliinsaturadas 1,9 g	0%
Colesterol 0 mg	0%
Sodio 287 mg	12%
Total carbohidratos 32 g	11%
Fibra dietética 2 g	6%
Azúcares 18 g	0%
Proteínas 3 g	0%

El tanto por ciento del valor diario se basa en una dieta de 2.000 calorías.

BOLLOS MONTAÑAS ROCOSAS

12 RACIONES

En estos bollos tan divertidos para comer se esconde el aroma de café. El merengue blanco y las pasas le dan aspecto de «montañoso».

≈ Tamice la harina y sal en un cuenco. Extienda la margarina hasta que la mezcla se parezca a las migas de pan. Vierta el azúcar, las pasas y los merengues.
≈ Mezcle la leche y el extracto de café hasta formar una masa suave. Ponga doce trozos iguales de la mezcla en una bandeja antiadherente y hornear a 220 °C (425 °F, gas 7) durante 20 minutos hasta que se dore y crezca. Déjelos enfriar y sírvalos.

Ingredientes

275 g (10 oz) de harina de fuerza

2,5 g (½ cucharadita) de sal

50 g (2 oz) de margarina baja en calorías

30 g (2 cucharadas) de azúcar extrafino

45 g (3 cucharadas) de pasas

25 g (1 oz) de minimerengues (marsmallows)

150 ml (¼ pint) de leche desnatada

15 ml (1 cucharada) de extracto de café

Azúcar glasé para espolvorear

HECHOS NUTRICIONALES

Tamaño de servir 1 (58 g)

Calorías 172	Calorías procedentes de grasas 36

	% Valor diario
Total de grasas 4 g	6%
Grasas saturadas 1 g	4%
Grasas monoinsaturadas 1,7 g	0%
Grasas poliinsaturadas 1,3 g	0%
Colesterol 0 mg	0%
Sodio 481 mg	20%
Total carbohidratos 30 g	10%
Fibra dietética 1 g	4%
Azúcares 10 g	0%
Proteínas 3 g	0%

El tanto por ciento del valor diario se basa en una dieta de 2.000 calorías.

Pastel de peras ▶

BARRITAS DE ALBARICOQUE

8 RACIONES

Estas barritas de fruta son nutrientes y muy saludables. Un puré de albaricoque delicioso encerrado en un pastel.

175 g (6 oz) de albaricoques troceados

60 ml (4 cucharadas) de zumo de naranja

90 g (6 cucharadas) de margarina baja en calorías derretida

60 ml (4 cucharadas) de miel

75 g (3 oz) de sémola

115 g (4 oz) más 30 g (2 cucharadas) de harina blanca

HECHOS NUTRICIONALES

Tamaño de servir 1 (95 g)

Calorías 223	Calorías procedentes de grasas 54	
		% Valor diario
Total de grasas 6 g		9%
Grasas saturadas 1 g		6%
Grasas monoinsaturadas 2,6 g		0%
Grasas poliinsaturadas 1,9 g		0%
Colesterol 0 mg		0%
Sodio 69 mg		3%
Total carbohidratos 40 g		13%
Fibra dietética 2 g		9%
Azúcares 17 g		0%
Proteínas 4 g		0%

El tanto por ciento del valor diario se basa en una dieta de 2.000 calorías.

≈ Unte una bandeja de pastel de unos 18 cm (7 in). Ponga los albaricoques en un cazo con el zumo de naranja y déjelo a fuego lento durante 5 minutos. Escúrralo si la fruta no ha absorbido todo el zumo.

≈ Caliente la margarina y la miel en un cazo hasta que se derrita. Añada la sémola y la harina y mézclelo bien. Coloque la mitad de la mezcla de la sémola en la base de la bandeja. Con una cuchara, ponga la mezcla de frutas sobre la mezcla de la sémola y con el resto de la misma cubra toda la fruta.

≈ Hornear a 190 °C (375 °F, gas 5) durante 35 minutos y córtelo en ocho barras. Retírelo de la bandeja y deje enfriar.

PASTEL DE CHOCOLATE BAJO EN CALORÍAS

12 RACIONES

Este pastel de chocolate es muy rico y un trozo pequeño del mismo satisfará a cualquier adicto al chocolate durante un rato.

50 g (2 oz) de margarina baja en calorías

250 g (9 oz) de azúcar moreno

2 claras de huevo

150 g (5 oz) de harina blanca

45 g (3 cucharadas) de cacao puro

1,5 g (¼ de cucharadita) de bicarbonato sódico

1,5 g (¼ de cucharadita) de levadura en polvo

250 ml (8 fl oz) de leche desnatada

Azúcar glasé y cacao para espolvorear

HECHOS NUTRICIONALES

Tamaño de servir 1 (75 g)

Calorías 195	Calorías procedentes de grasas 36	
		% Valor diario
Total de grasas 4 g		6%
Grasas saturadas 1 g		4%
Grasas monoinsaturadas 1,7 g		0%
Grasas poliinsaturadas 1,2 g		0%
Colesterol 0 mg		0%
Sodio 102 mg		4%
Total carbohidratos 38 g		13%
Fibra dietética 0 g		1%
Azúcares 26 g		0%
Proteínas 3 g		0%

El tanto por ciento del valor diario se basa en una dieta de 2.000 calorías.

≈ Engrase y enharine un molde de pastel redondo de unos 20 cm (8 in). Ponga la margarina y el azúcar en un cuenco hasta que quede ligero y esponjoso. Añada las claras de huevos y bátalas en la mezcla hasta que espese.

≈ Coloque la harina, el cacao, el bicarbonato y la levadura en polvo en un cuenco separado. Añada la leche gradualmente a la mezcla, alternando con los ingredientes secos.

≈ Ponga la mezcla en la bandeja preparada y hornéela a 180 °C (350 °F, gas 4) durante una hora o hasta que esté hecho por igual. Déjelo enfriar en la bandeja. Desmoldéelo y espolvoréelo con azúcar glasé y chocolate. Sírvalo.

Barritas de albaricoque ▶

124

PASTEL DE ZANAHORIAS Y CIRUELAS

12 RACIONES

Tradicionalmente, esta receta es rica en grasas, pero esta versión usa ciruelas y sólo las claras de los huevos. Tenga cuidado al batir las claras de los huevos, ya que una mano pesada dará lugar a un pastel pesado.

225 g (8 oz) de zanahorias

425 g (15 oz) de ciruelas en lata confitadas

40 g (1½ oz) de azúcar moreno

275 g (10 oz) de harina de fuerza

El zumo de una naranja

45 g (3 cucharadas) de sémola

3 claras de huevo

Para el glasé

175 g (6 oz) de queso bajo en calorías

15 g (1 cucharada) de azúcar glasé

Canela molida y el zumo de una naranja para decorar

HECHOS NUTRICIONALES

Tamaño de servir 1 (114 g)		
Calorías 228	Calorías procedentes de grasas 0	
		% Valor diario
Total de grasas 0 g		1%
Grasas saturadas 0 g		0%
Grasas monoinsaturadas 0,0 g		0%
Grasas poliinsaturadas 0,1 g		0%
Colesterol 0 mg		0%
Sodio 360 mg		15%
Total carbohidratos 53 g		18%
Fibra dietética 2 g		8%
Azúcares 28 g		0%
Proteínas 4 g		0%

El tanto por ciento del valor diario se basa en una dieta de 2.000 calorías.

≈ Engrase una bandeja honda de pastel de unos 20 cm (8 in). Ralle las zanahorias y póngalas en un cuenco. Escurra las ciruelas y quíteles el jugo. Licue las ciruelas en una batidora durante 30 segundos y añádalo a la zanahoria con azúcar.

≈ Añada la harina, el zumo de naranja y la sémola a la mezcla, removiendo bien. Bata las claras de huevo hasta el punto de nieve y viértalo en la mezcla.

≈ Póngalo todo en la bandeja y hornear a 190 °C (375 °F, gas 5) durante 45 minutos o hasta que se cocine. Déjelo enfriar durante 10 minutos.

≈ Mezcle la crema de queso y el azúcar glasé para el glaseado. Espolvoree por encima del pastel. Decore y sirva.

ÍNDICE